Handbuch für die Praxis

Ulrich Pommerenke

Motivation und Erfolg

Burkhardthaus-Laetare

Handbuch für die Praxis

Ulrich Pommerenke

Motivation und Erfolg

Strategien und Self-Coaching für ErzieherInnen

Umschlaggestaltung: Patricia Fuchs, AVR, München
Umschlagfoto: Rido – Fotolia.com (http://fotolia.com/)
Fotos: S. 10, 16, 177 iStockphoto, S. 42 Ingram Publishing
Satz: Sigrun Borstelmann, München
Druck und Verarbeitung: Publikum, Belgrad

www.burckhardthaus-laetare.de
ISBN 978-3-944548-05-0

Inhalt

Empfehlungen für den/die LeserIn

Dieses Handbuch ist nach handlungs-, lösungs- und ergebnisorientierten Gesichtspunkten aufgebaut. Es folgt dem Grundsatz *„Arbeit an sich ist Arbeit an sich"*. Sie erfahren Ihren persönlichen und beruflichen Zugewinn, wenn Sie von Ihren bisher gewohnten Lesegewohnheiten abweichen:

1. Die Zitate und Texte sind sorgfältig ausgewählt und geben den Kern wieder, worauf es im Leben, in der privaten und beruflichen Lebensgestaltung, ankommt. In ihnen werden komplexe Erkenntnisse oder Sachverhalte zusammengefasst: Sie sind substanziell. Schreiben Sie die Zitate oder Texte, die Sie besonders ansprechen, heraus, und stellen Sie einen Zusammenhang zu Ihnen her. Durch diese Arbeitsweise pflanzen Sie die ersten Samen für das, was Sie verändern wollen. Mithilfe dieser Methode wird Ihnen bewusst, womit Sie sich momentan beschäftigen, was Ihr aktuelles „Thema" ist. Und sie zeigt Ihnen zunächst auf, woran Sie „arbeiten" sollten, möchten oder auch wollen. Ein hilfreicher Tipp: Sprechen Sie Ihre Familie, Freunde oder Bekannten an, und holen Sie deren Meinungen und Ansichten zu den Zitaten/Texten ein. Auf diese Weise gewinnen Sie nicht nur neue Einblicke in andere Sichtweisen, die Sie bereichern werden, sondern lernen auch nach dem Prinzip der „anderen Sichtweise" und bekommen ein Verständnis für die Aussage des Künstlers Picabia. *„Der Kopf ist rund, damit das Denken die Richtung ändern kann."*

2. Verschaffen Sie sich zunächst einen Überblick, und orientieren Sie sich dabei am Inhaltsverzeichnis und an der Einleitung. Wir Menschen wenden uns bekanntlich zuerst den Dingen zu, die uns besonders wichtig sind: Sie können daher die einzelnen Abschnitte unter den ersten zwei Kapiteln unabhängig voneinander bearbeiten. So finden

Sie gleich zu Beginn Ihrer Lektüre bzw. Beschäftigung mit dem Thema hilfreiche Impulse, die Sie sofort praktisch umsetzen können.

3. Bearbeiten Sie die *10 Übungen* jeweils gründlich, und halten Sie vor allem Ihre Antworten bzw. das, was Sie sich erarbeitet haben, schriftlich fest. Auf diese Weise entwickeln Sie *Ihr persönliches* Arbeits- oder besser *Veränderungsprogramm.* Gehen Sie bei diesem Prozess aufrichtig, ehrlich und selbstkritisch mit sich um: Versuchen Sie die Dinge, die Sie sehen möchten oder sehen wollen, von denen zu trennen, die real sind und womöglich „unangenehm". Die Übungen sollen Ihnen Ihr Verhalten, Ihre Handlungen, aber auch Ihre Passivität in bestimmten Fällen bewusst machen und dienen zu nichts anderem als zu einer persönlichen Standortbestimmung. Sie finden auf diese Weise Ihren Status, Ihren gegenwärtigen Standort, und erhalten wichtige *Hinweise für die Entwicklung Ihrer Veränderungsstrategie:* Ihre Strategie des erfolgreichen Handelns!

4. Unter der Rubrik *„Das hilft Ihnen"* im Hauptteil des Handbuchs sind jeweils *10 Tipps* bzw. Empfehlungen zusammengefasst. Schöpfen Sie reichlich aus der Quelle der Praxiserfahrungen, die Sie voranbringen und die Ihnen vor allem neue und nützliche Hinweise für Ihre gegenwärtige und künftige Lebensgestaltung schenken sollen. Wenden Sie einzelne Aspekte in der Praxis an, auch wenn Sie zunächst meinen, das eine oder andere bereits zu kennen. Zwischen „kennen", „meinen zu kennen" und „handeln" bzw. „Praxis" besteht bekanntlich ein himmelweiter Unterschied!

5. Die einzelnen *Zusammenfassungen* der Abschnitte geben Ihnen einen Überblick über die zentralen Inhalte. Sie dienen der wiederholenden und vertiefenden Wahrnehmung, damit das, was Sie aufnehmen und behalten wollen, auch Ihr Eigentum wird.

6. Schreiben Sie jeweils zum Abschluss der einzelnen Abschnitte drei Punkte auf, die Ihnen für Ihre persönliche Weiterentwicklung wichtig und bedeutsam erscheinen. Auf diese Weise halten Sie im Hauptteil des Fachbuchs insgesamt 30 zentrale Ergebnisse fest, die für die Entwicklung Ihres Selbstkonzepts hilfreich sind. Es sind *Ihre Diamanten!* Arbeiten Sie das Buch auf die beschriebene Weise durch, und seien Sie dabei so konkret und vor allem aufrichtig wie möglich, dann werden Sie belohnt: Sie gewinnen *mehr Wissen, mehr Handlungsfähigkeit und mehr Lebenserkenntnis.* So erfahren Sie mehr Selbst- und Sozialkompetenz, was Ihnen – Sie gestatten mir diesen nicht unwichtigen Hinweis – die nicht unerheblichen Kosten für Supervision oder Coaching erspart.

Einleitung

Der deutsche Fachbuchmarkt wird von Motivations- und Erfolgsbüchern überschwemmt – ein untrügliches Zeichen dafür, dass der Mensch externe Unterstützung will und braucht für eine positive, aufbauende und erfolgreiche private und berufliche Lebensgestaltung. Dieser Trend verwundert nicht, wenn wir unsere gesellschaftliche und ökonomische Lage näher betrachten: Die Wirtschaft kriselt, der Konjunkturmotor stottert, und die mittlerweile täglichen Medienberichte über Entlassungen und zusätzliche Einsparungen bzw. finanzielle Belastungen betreffen landauf, landab längst unseren Nachbarn um die Ecke, wenn nicht uns selbst. Der Druck auf die Familien, ArbeitnehmerInnen und Menschen ohne Arbeit bzw. ohne Einkommen wächst unaufhörlich. Uns schlagen der eisige Wind und die Kälte des globalen Markts, des Wettbewerbs und des Konkurrenzdrucks entgegen. Wir haben es mit dem Wandel unserer Gesellschaft zu tun, der flankiert und forciert wird von einem rasanten technischen Fortschritt, einer Zunahme des Wissens, dem Auseinanderbrechen von Familien, der Ausländer-, Gewalt- und Suchtproblematik inmitten unserer Spaß- und Eventkultur – ein besorgniserregender Prozess, der zu einer zunehmenden Verunsicherung und Orientierungslosigkeit der Menschen führt. In dieser misslichen Situation erreichen uns nun die Versprechungen und Verheißungen zu mehr Motivation und Lebensglück. Häufig lautet die zentrale Botschaft: *„Du musst nur wollen!"*

Das vorliegende Handbuch für die (Kindergarten-)Praxis folgt nicht diesem Mainstream und verkürzten Ansatz der „Fast-Food-Verheißungen". Dieser Fachbeitrag wird von der Erkenntnis geleitet, dass Motivation nur von innen heraus entwickelt und entfaltet werden kann. Es gibt kein Rezept für erfolgreiches Handeln, das Ihnen Glückseligkeit und ein Vorankommen im privaten und beruflichen Bereich garantieren kann. Mein Fachbeitrag ist ganzheitlich konzipiert und geht ausführlich auf die vier zentralen Lebensbereiche *Familie/Partnerschaft, Beruf/Arbeitsmarkt, Körper/Gesundheit* und *Freizeit/Sinnfragen* ein. Er soll Ihnen, liebe/r LeserIn, den Zugang zu sich selbst eröffnen sowie die individuelle und kollektive Auseinandersetzung mit Praxisfragen in der Elementarpädagogik ermöglichen.

Während der aufmerksamen Lektüre und Erarbeitung der Themenbereiche führen Sie einen permanenten inneren Dialog, der Sie durchweg auffordert, nach wirksamen und erfolgreichen Veränderungsmöglichkeiten zu fahnden, die *nur von Ihnen selbst* ausgehen können. Sinnbildlich können wir von einem *„Persönlichkeits-TÜV"* und einem *„beruflichen TÜV"* sprechen, die dem Prinzip folgen: *IST – SOLL – WEG.* Zunächst wird Ihr aktueller Status berücksichtigt, Sie werden also genau da abgeholt, wo Sie sich momentan befinden. Diese Informationen bilden die Grundlage für die Entwicklung Ihrer Vision, Ziele und Strategie; der Weg schließlich bezeichnet die konkrete Umsetzung Ihrer Vorstellungen in die Praxis.

Spätestens nach der Veröffentlichung der PISA-Studie ist uns allen klar geworden, dass sich die „Qualität" in den Kindergärten und Schulen einschneidend verbessern muss, um den Erfordernissen unserer Gesellschaft gerecht bleiben zu können. ErzieherInnen, LehrerInnen und Eltern sind in dieser Situation häufig überfordert und stehen dem Dilemma mehr oder weniger hilflos gegenüber. Aufgrund dieser Situation hat die Volkshochschule Bad Segeberg 2004 eine umfassende Umfrage an 2.650 Kindergärten durchgeführt und ist dabei den folgenden zentralen Fragestellungen konkret nachgegangen:

- Wie beurteilen die MitarbeiterInnen die aktuelle Lage im unmittelbaren Arbeitsbereich?
- Welche konkreten Probleme erkennen sie in ihrer beruflichen Praxis?
- Welche Einstellung haben sie zu der Wahrnehmung ihrer Aufgaben?

Die Ergebnisse der Umfrage bestätigen die einhellige Meinung der ErzieherInnen, dass die Anforderungen im elementarpädagogischen Bereich gestiegen seien und sich die MitarbeiterInnen bezüglich der neuen und gar zusätzlichen Aufgaben überfordert fühlten. Die Stresssituationen nehmen zu, die internen und externen

Probleme und Konflikte verschärfen sich. Vor diesem Hintergrund wünschen und fordern die Kindergarten-MitarbeiterInnen mehr Weiterbildungsmaßnahmen, vor allem Unterstützung durch strukturierte Supervisionen und Coachings.

Zur Bewältigung des Veränderungsdrucks wird die vertiefende Behandlung der untenstehenden Themenbereiche, die der Dringlichkeit nach aufgeführt sind, erwartet. Wobei die Themen die aktuelle Problemsituation unserer Kindergärten offenbaren:

1. Qualitätsentwicklung, -verfahren und -sicherung
2. Sprachentwicklungsförderung der Kinder
3. Verhaltensauffälligkeiten bei Kindern
4. Konzeptionsentwicklung
5. Zielvereinbarungen
6. Elternarbeit
7. Zeitgemäße Mitarbeiterführung
8. Bildung im Kindergarten
9. Teamentwicklung und Teamarbeit
10. Konfliktmanagement
11. Ausländerintegration
12. Kindergarten-Management
13. Umgang mit den neuen Medien

Die Untersuchung gelangt schließlich zu dem folgenden Gesamtergebnis: Wir haben es gegenwärtig mit einem „Veränderungsstau" in unseren deutschen Kindergärten zu tun, der vornehmlich mit den Finanzen und der immer schwierigeren Haushaltslage in Verbindung gebracht wird. Wir haben es außerdem mit einer „Handlungslethargie" und einem „Bewegungsstau" zu tun, der für die missliche Lage externe Faktoren verantwortlich macht, damit aber die institutionelle und individuelle Überforderung, strukturell bedingte sowie persönliche Kompetenzdefizite und nicht zuletzt mangelndes Selbstbewusstsein meint. Auf den Punkt gebracht: Die ökonomische Krise geht tendenziell in eine allgemeine Selbstvertrauenskrise über, wobei diese in unseren Kindergärten längst angekommen zu sein scheint.

Vor diesem Hintergrund unternehme ich mit meinem Beitrag den Versuch, Wege aus der Krise oder aus dem „Überforderungsdilemma" aufzuzeigen, die den allgemeinen Veränderungsdruck und den Wandel nicht allein materiellen und strukturellen Defiziten überantworten, sondern die persönliche Verhaltensänderung und Neujustierung als eine wirksame Handlungsalternative für eine erfolgreiche pädagogische Kindergarten-Praxis (an-)erkennen. Wir gestehen uns ein: *Jede Veränderung vollzieht sich zuerst immer bei der Person selbst.* Hierfür ist allerdings *ein klares Bild der (persönlichen) Veränderung und des Persönlichkeitsprofils* erforderlich, das vor allem die Fach- und Sachkompetenz miteinbezieht.

Für die konkrete und praxisbezogene Lösung der gewachsenen Aufgaben und Anforderungen habe ich das **M-O-P-S-Baukastensystem** entwickelt. Die Bezeichnung „M-O-P-S" entstand in diesem Zusammenhang eher zufällig, doch ist sie sehr eingängig für die zentralen Kompetenzbereiche, auf die es im Leben ankommt. M-O-P-S steht für
Motivation – **O**rientierung – **P**raxis – **S**trategie

MOTIVATION
- Grundlagen der Motivation
- Motive und Anreizsysteme
- Motivationsmodelle

ORIENTIERUNG
- Selbstanalyse
- Selbst- und Fremdwahrnehmung
- Stärken-Analyse: Selbst-Profil

PRAXIS
- Privater Bereich
- Beruflicher Bereich
- Selbstwirksamkeit

STRATEGIE
- 10 Motivationsstrategien
- Einleitung des Veränderungsprozesses
- Erfolgsstrategie

Im folgenden Kapitel stelle ich Ihnen die wichtigsten Motivationsmodelle und Motivationstheorien kurz dar. Dabei wird sowohl Ihre persönliche als auch Ihre berufliche Situation ausdrücklich einbezogen, sodass Sie gleich zu Beginn des grundlegenden Themas einen unmittelbaren und mittelbaren Praxisbezug finden werden. Das ist die Grundlage für das dritte Kapitel, in dem die Strategien der Motivation dargestellt werden; diese bilden das Herzstück des Handbuchs.

Zehn strukturierte Abschnitte sollen Ihnen wichtige Impulse für Ihr persönliches Lebensverständnis geben und beziehen auch hier die Kindergarten-Praxis ausdrücklich ein. Mit der konsequenten Bearbeitung der zehn Strategien leiten Sie Ihren Klärungs- und Veränderungsprozess ein. Das vierte Kapitel schließlich befasst sich mit dem Thema „Self-Coaching". Hier sollen Sie eine Vereinbarung mit sich selbst treffen. Es handelt sich dabei um *Ihre individuelle Lösung sowie Strategie- und Selbstkonzeptentwicklung.* Dazu gebe ich Ihnen zahlreiche Anregungen und vertiefende Einblicke in die einzelnen Themenfelder. In diesem Zusammenhang haben die ausgewählten Zitate und Texte eine besondere Bedeutung: Sie sind substanziell, bringen zum großen Teil komplexe Sachverhalte auf den Punkt und sind nicht nur sehr einprägsam, sondern pflanzen sich tief in unsere Herzen ein.

Für die Bearbeitung des Handbuchs wünsche ich Ihnen viel Erfolg und persönlichen Gewinn. Sie werden gelassener, glücklicher und souveräner!

Motivation und Erfolg

Grundlagen der Motivation

Der Begriff „Motivation" heißt übersetzt „in Bewegung setzen"; er stammt vom Lateinischen „movere" („bewegen") ab. Die Bedeutung von Motivation ist allerdings komplexer, vielfältiger, als nur sich oder etwas in Bewegung zu setzen. Motivation fragt danach, was menschliches Verhalten auslöst; fragt nach dem „Warum". Motivation kann aus zwei Richtungen betrachtet werden, zum einen in Bezug auf eine Person (z. B. den/die MitarbeiterIn), zum anderen in Bezug auf die Situation, in der eine Person handelt (nach Heckhausen 1989). Unsere Auseinandersetzung mit Motivation geht grundsätzlich der Begründung unseres Verhaltens nach und sucht eine Antwort darauf, was uns antreibt, bewegt, in eine bestimmte Richtung zieht und warum wir uns so und nicht anders verhalten. In diesem Prozess machen wir uns die *Einflussgrößen menschlichen Verhaltens* bewusst:

- Merkmale der Persönlichkeit und des Temperaments;
- Merkmale der Verhaltensprägung, die zu einem erheblichen Teil in der Kindheit, Schule und Ausbildung angelegt sind;
- Privates und soziales Umfeld, etwa Familie, Partnerschaft, Verwandtschaft, Freunde, Bekannte, Gruppen (Vereine usw.);

- Sexualität;
- Beruf, z. B. Aufgabenwahrnehmung, Teameinbindung und Teamverhalten, Unternehmens-, Führungs- und Leistungskultur;
- Gesellschaft und Ökonomie, z. B. Werte, Normen, Medien, Werbung, Orientierung an Vorbildern und Trends;
- Soziale und materielle Situation, z. B. Arbeitslosigkeit, Armut, finanzieller Druck;
- Gesundheit, Entspannung und Fitness;
- Sinngebung, z. B. Daseinsfragen, Religion, Philosophie.

Vor diesem Hintergrund versuchen wir, die Auslöser unseres Verhaltens genauer auszuloten, und stoßen dabei auf Bedürfnisse, die eine Empfindung eines bestimmten Mangels bezeichnen. Entsteht hierbei die Bereitschaft, den empfundenen Mangel zu beheben, sprechen wir von einem Motiv, das im Unterschied zu dem Bedürfnis eine Zielperspektive besitzt.

Beispiel: Hunger kennzeichnet eine allgemeine Mangelempfindung, also ein Bedürfnis. In Verbindung mit der Bereitschaft, den Hunger zu stillen, etwa mit einem Mittagessen, entsteht ein Motiv.

Motive sind in uns allen vorhanden; sie werden durch Anreize aktiviert, die eine „schlummernde" Verhaltensbereitschaft wecken. Wir sprechen von Motivation, wenn diese Verhaltensbereitschaft aktiviert wird mit dem Ziel der Bedürfnisbefriedigung.

Beispiel: Eine Plakatwerbung kann das Motiv aktivieren, ins Theater zu gehen; Theaterbesucher, die durch das Plakat tatsächlich zum Theaterbesuch bewogen werden, sind motiviert.

Die Verhaltensbereitschaft ist abhängig von der Motivationsstruktur des Menschen. Sie ist individuell geprägt (vgl. hierzu die o. a. Einflussgrößen menschlichen Verhaltens) und wirkt zusammen mit der Wertehaltung und der Einstellung, die wiederum vom Anspruchsniveau abhängig sind. Die Art, Intensität und Häufigkeit der Bedürfnisbefriedigung haben Einfluss auf unsere Verhaltensbereitschaft. Motive können in diesem Zusammenhang neu aktiviert werden, sodass wir zu einem Kreislauf kommen können, der am Beispiel von Hunger und Durst als Mangelempfindung mit der Befriedigung Sattheit hervorruft. Wonach nach einiger Zeit erneut das Bedürfnis nach Essen und Trinken entsteht. W. H. Staehle (1991) hat diesen Zusammenhang an einem einfachen Motivationsmodell veranschaulicht:

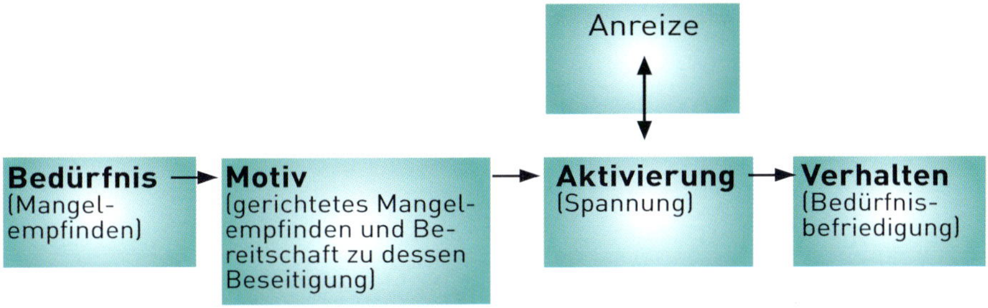

Zusammengefasst sind Motiv und Motivation die Begründung für ein bestimmtes Verhalten, wobei ein isoliert betrachteter Beweggrund das Motiv meint und die Motivation das komplexe Zusammenspiel vielfältiger Beweggründe konkreten Verhaltens kennzeichnet. Motivation ist also der Zustand des Motiviertseins und stellt die Gesamtheit aller in einer Handlung wirksamen Motive dar, die unser Verhalten aktivieren und beeinflussen. Wir verstehen darunter die Bereitschaft, in einer konkreten Situation eine bestimmte Handlung mit einer bestimmten Intensität und Dauerhaftigkeit zu realisieren.

Abschließend unterscheiden wir zwei Formen von Motivation: *intrinsische und extrinsische Motivation.* Bei der intrinsischen Motivation geschieht die Handlung „aus sich heraus", die etwa von Neugier, Interesse oder Spaß hergeleitet ist. Die extrinsische Motivation ist von außen beeinflusst oder an äußere Impulse geknüpft, etwa Lob, positive Kritik begründen das Verhalten; eine

Nicht-Ausführung der Handlung ist z. B. an einen Tadel oder an eine negative Kritik geknüpft. Die intrinsische Motivation setzt sich infolgedessen zusammen aus dem Sachinteresse (Neugier), dem Anreiz (positives Gefühl) und der Erfolgserwartung. Die extrinsische Motivation besteht lediglich aus der positiven oder negativen Verstärkung (Belohnung oder Zwang). Der Management-Trainer Prof. Sprenger unterscheidet in diesem Zusammenhang zwischen *Motivation im Sinne der Eigensteuerung*, die also intrinsisch angelegt ist, und der *Motivierung im Sinne der Fremdsteuerung*, womit das absichtsvolle Handeln eines Vorgesetzten oder das Funktionieren von Anreizsystemen gemeint ist (Sprenger 2002).

Beispiele von Motiven und Antriebsmuster

Die Autoren Dr. Merkli, Prof. Paschen und Prof. Börkircher betrachten in ihrer Veröffentlichung zur Personalführung Motivhaltung und Erwartung und stellen hierzu fest: „Der Motivationsprozess wird nicht ausschließlich über erkennbare Motivinhalte und Anreize gesteuert. Oft bleiben die eigentlichen Motive verborgen. Offene oder verborgen vorhandene Motive wirken dann handlungsauslösend, wenn ein bestimmtes Verhalten als für die Bedürfnisbefriedigung geeignet betrachtet wird. Zudem wird beim Entscheid, etwas zu tun, immer auch die Wahrscheinlichkeit beurteilt, das gesteckte Ziel tatsächlich zu erreichen." Hierbei kommt dem Bewusstmachen von offenen und verborgenen Motiven eine zentrale Bedeutung zu, die ich zum einen anhand meiner Auswahl konkreter Motivklassifikationen und zum anderen anhand der von dem amerikanischen Psychologen Reiss erforschten Anreiz- und Motivsysteme verdeutlichen möchte:

Auswahl von Motivklassifikationen

Selbstmotiv	„Ich weiß, was ich will, und kann das allein."
Sozialmotiv	„Ich unterstütze meine KollegIn oder die Gruppe."
Lernmotiv	„Ich will eine neue Kompetenz erwerben."
Sachmotiv	„Ich will mich mit einem Thema oder einem Fachgebiet intensiv auseinandersetzen."
Leistungsmotiv	„Ich will das schaffen!"
Zustimmungsmotiv	„Mir ist die positive Rückmeldung wichtig!"
Identifikationsmotiv	„Ich will das auch können."
Aggressionsmotiv	„Dir werde ich es zeigen!"
Machtmotiv	„Da geht's lang!"
Geltungsmotiv	„Ich zeige dir, wie das geht und was du zu machen hast!"
Zustimmungsmotiv	„Ich brauche positive Rückmeldungen und Anerkennung."
Neugiermotiv	„Ich will sehen, was dabei herauskommt."
Strafvermeidungsmotiv	„Bevor ich Ärger bekomme, mache ich das!"
Ehrgeizmotiv	„Ich will das erreichen!"

An diesen Motivbeispielen oder Klassifikationen wird die Problematik deutlich, dass nicht eindeutig feststeht, ob letztlich Triebe oder Anreize verantwortlich für das Handeln sind. Prinzipiell sind Motive von außen in irgendeiner Form stimuliert und in jedem Menschen vorhanden. Die Ausprägung der Motivklassifikationen ist von Mensch zu Mensch verschieden und kann als Persönlichkeitsmerkmal betrachtet werden, das über eine bestimmte Lebenszeit weitgehend stabil ist bzw. sein kann.

Aufschlussreich sind auch die Untersuchungsergebnisse des amerikanischen Psychologen Steven Reiss, der im Jahr 2000 im Rahmen einer Befragung von insgesamt 6.000 Personen die menschlichen Antriebskräfte näher untersucht und die Ergebnisse 2001 veröffentlicht hat. Er fand *16 Lebensmotive,* die angeboren sind, das menschliche Verhalten bestimmen und um ihrer selbst willen ausgeführt werden sollen. Jeder Mensch entwickelt demnach ein individuelles *Antriebskräfte- und Motivationsprofil,* durch das er sich von anderen unterscheidet. Das heißt, zusammen bilden diese Antriebskräfte und Motive gleichsam das Profil unserer Persönlichkeit, an dem wir unser Leben ausrichten:

- Macht: Streben nach Erfolg, Leistung, Führung und Einfluss;
- Unabhängigkeit: Streben nach Freiheit, Selbstgenügsamkeit und Autarkie;
- Neugier: Streben nach Wissen und Wahrheit;
- Anerkennung: Streben nach sozialer Akzeptanz, Zugehörigkeit und positivem Selbstwert;
- Ordnung: Streben nach Stabilität, Klarheit und guter Organisation;
- Sparen: Streben nach Anhäufung materieller Güter und Eigentum;
- Ehre: Streben nach Loyalität und moralischer, charakterlicher Integrität;
- Idealismus: Streben nach sozialer Gerechtigkeit und Fairness;
- Beziehungen: Streben nach Freundschaft, Freude und Humor;
- Familie: Streben nach Familienleben und besonders danach, eigene Kinder zu erziehen;
- Status: Streben nach Social Standing (Reichtum, Titel und öffentliche Aufmerksamkeit);
- Rache: Streben nach Konkurrenz, Kampf, Aggressivität und Vergeltung;

- Romantik: Streben nach einem erotischen Leben, Sexualität und Schönheit;
- Ernährung: Streben nach Essen und Nahrung;
- Körperliche Aktivität: Streben nach Fitness und Bewegung;
- Ruhe: Streben nach Entspannung und emotionaler Sicherheit.

Motivationsmodelle und Praxisbezug

Dieser Abschnitt befasst sich mit den wichtigsten Motivationsmodellen bzw. Motivationstheorien, von denen sich ein direkter Praxisbezug leicht ableiten lässt. Es folgt hier also keine rein theoretische Abhandlung und auch keine abstrakte Darstellung. Die persönliche und kollektive Auseinandersetzung mit den Modellen lohnen sich, weil sie zur Klärung des individuellen Verhaltens und des Gruppenverhaltens beitragen können. Eine strukturierte und wissenschaftlich abgesicherte sowie fundierte Motivationsforschung existiert bis zum heutigen Zeitpunkt nicht. Deshalb stehen die nachfolgenden Modelle in der positiven und negativen Kritik. Sie bieten dennoch einen geeigneten Leitfaden zur Erkenntniserweiterung und Einsicht.

Grundsätzlich unterscheiden wir zwischen sogenannten *Inhaltstheorien* und *Prozesstheorien.* Die Inhaltstheorien untersuchen die Gründe für individuelles Handeln und unternehmen den Versuch einer Antwort darauf, wonach der Mensch strebt; sie setzen sich mit den Motiven näher auseinander. Die Prozesstheorien konzentrieren sich auf den Weg zur Bedürfnisbefriedigung. Die Erschließung der Motivationstheorien hat letztlich zum Ziel, auf Basis der Kenntnis von Handlungsmotiven und der sie auslösenden Anreizsysteme Beeinflussungspotenziale für die Personalführung aufzuzeigen.

Theorie von McGregor

Der amerikanische Psychologe Douglas McGregor stellt in seiner Theorie zwei entgegengesetzte Menschenbilder vor: zwei vereinfachte und extreme Vorstellungen von Führungskräften, die das Verhalten in der Führung von MitarbeiterInnen beeinflussen können. McGregor formuliert typisches Führungsverhalten in seiner Theorie X, die die traditionelle Einstellung und Haltung zum/r MitarbeiterIn zu Beginn des 20. Jahrhunderts wiedergeben soll, und in seiner Theorie Y, die den/die MitarbeiterIn als selbstverantwortlich und aus eigenem Antrieb kreativ handelnden Menschen sieht:

Theorie X

- Der Mensch hat eine angeborene Abneigung gegen Arbeit und versucht, sie so weit wie möglich zu vermeiden.
- Deshalb müssen die meisten Menschen kontrolliert, geführt und unter Strafandrohung dazu gezwungen werden, einen produktiven Beitrag zur Erreichung der Organisationsziele zu leisten.
- Der Mensch möchte gern geführt werden, er möchte Verantwortung vermeiden, hat wenig Ehrgeiz und wünscht vor allem Sicherheit.

Theorie Y

- Der Mensch hat keine angeborene Abneigung gegen Arbeit; im Gegenteil, Arbeit kann eine wichtige Quelle der Zufriedenheit sein.
- Wenn sich der Mensch mit den Zielen der Organisation identifiziert, sind externe Kontrollen unnötig; er wird Selbstkontrolle und eigene Initiative entwickeln.
- Die wichtigsten Arbeitsanreize sind die Befriedigung von Ich-Bedürfnissen und das Streben nach Selbstverwirklichung.

- Der Mensch sucht bei entsprechender Anleitung eigene Verantwortung. Einfallsreichtum und Kreativität sind weitverbreitete Eigenschaften in der arbeitenden Bevölkerung; sie werden in industriellen Organisationen jedoch kaum aktiviert.

Die Theorie X versteht den Menschen als „Produktionsfaktor", der von außen gesteuert werden muss. Nur so lässt sich eine optimale Leistung erzielen. Im Vordergrund steht hier die Erwartungshaltung der Führungskraft, die keine Anreize für selbstverantwortliches Handeln bietet. Die Theorie Y will eine Kongruenz von individuellen und unternehmerischen Zielsetzungen, die die Selbstentfaltungsmöglichkeiten des Individuums fördert und ausbaut. Die MitarbeiterInnen erfahren hierbei mehr Verantwortung, Handlungsspielräume und Initiative. In der Quintessenz fordert McGregor eine Abkehr von der traditionellen Theorie X hin zu einer verantwortungsbewussten, selbstständig handelnden und kreativen MitarbeiterIn.

Die Bedürfnispyramide von Maslow

Der amerikanische Psychologe Abraham Maslow unternahm in den 50er-Jahren des 20. Jahrhunderts den Versuch, die Vielzahl menschlicher Motive zu ordnen und ihre Wirkung zu erklären. Maslow unterscheidet zwei Arten von Motiven, die das menschliche Handeln bestimmen: *Defizitmotive* und *Wachstumsmotive.* Grundlage seines Ansatzes ist die Annahme, dass der Mensch von Natur aus nach Selbstverwirklichung strebt. Darunter versteht Maslow den inneren Antrieb des Menschen, sich selbst durch seine Handlungen zu vervollkommnen. Das ist die höchste Stufe des menschlichen Motivhandelns, das nach Wachstum strebt. Doch bevor sich der Mensch frei und selbst entfalten kann, müssen seine Defizitbedürfnisse nach einer hierarchischen Ordnung gelöst bzw. befriedigt werden; d. h. dass das menschliche Verhalten durch seine unbefriedigten Bedürfnisse bestimmt wird. Es geht zunächst um das Aufheben von Mangelzuständen und Störungen, bevor der Mensch sich selbst verwirklichen kann (Selbstverwirklichungsbedürfnisse).

Die hierarchisch geordnete Bedürfnispyramide im Überblick:

Maslow differenziert nach vier Klassen wirkender Defizitmotive: Demnach müssen immer zuerst die Motive der „unteren Klassen" befriedigt sein, bevor die nächsthöhere Klasse aktiviert werden kann.

- **Physiologische Bedürfnisse:** Essen, Trinken, Schlafen, Atmen, Sex, Gesundheit, Kleidung, Wohnung.
- **Sicherheitsbedürfnisse:** Sicherheit und Schutz vor Schmerz, Angst, Furcht und ungeordneten Verhältnissen; der Wunsch nach Ordnung und Verhaltensregeln.
- **Soziale Bedürfnisse:** Geborgenheit, Verständnis, Kontakt, Zärtlichkeit, Identifikation mit wertvollen Menschen, Liebe.
- **Anerkennungsbedürfnisse:** Achtung und Selbstachtung, Wertschätzung durch andere, Geltung, Status, Prestige.

Die Lösung der hierarchisch geordneten Defizitmotive verhindert Krankheit, führt aber nicht zum Zustand der „psychologischen Gesundheit", die erst durch das Wachstumsmotiv, also durch das *Streben nach Selbstverwirklichung,* erreicht wird.

Maslow erklärt in seinem Modell ein für den Menschen generell gültiges Handlungsmuster; es ist also sehr allgemein gehalten und kann insofern auf das Motivationsverhalten in der betrieblichen Praxis nicht unmittelbar angewendet werden. Trotzdem ist die Bedürfnispyramide ein einfaches Modell für die Motivhaltung von MitarbeiterInnen, die Wertehaltungen und grundsätzliche philosophische Fragen einbezieht. Maslows Modell kann wohl als die bedeutendste Motivationstheorie angesehen werden; es ist ein einfaches Modell und plausibel nachvollziehbar. Da es sich an seinen Erkenntnissen aus den 50er-Jahren des 20. Jahrhunderts orientiert, wird es von verschiedenen Experten zum Teil aber auch zu Recht kritisiert.

Hans-Jürgen Kratz hat in seinem Buch „Motivieren – aber wie" (2003) den Versuch unternommen, das Modell von Maslow auf die betriebliche Praxis zu übertragen und Bezüge zur Gestaltung des Arbeitsplatzes und des Führungsverhaltens hergestellt. Die folgende Darstellung lehnt sich an seine Ergebnisse an; sie ist für Ihre Arbeit im Kindergarten hilfreich und anwendbar:

Stufe 1 der physiologischen Grundbedürfnisse

Gestaltung der Arbeitsräume nach ökologischen und gesundheitlichen Aspekten, Gestaltung von geregelten Pausen, Erholungs- und Urlaubszeiten, gesundes und ausreichendes Essen, finanzielles Existenzminimum.

Stufe 2 der Sicherheitsbedürfnisse

Betriebliche Voraussetzungen: Absicherung des Arbeitsplatzes, Stellenbeschreibung und grundsätzliche arbeitsvertragliche Regelungen zu den Arbeitsvorschriften, Unfallschutz und Sicherheitsbestimmungen, Weiterbildungsmöglichkeiten, betriebliche Altersversorgung.

Staatliche Voraussetzungen: Allgemeiner gesetzlicher Schutz, z. B. Sozialversicherung, Kündigungs- und Mutterschutz, Arbeitsrecht.

Stufe 3 der sozialen Bedürfnisse

Offene Informations- und Kommunikationskultur, Feedback- und Mitarbeitergespräche, partnerschaftliehe und vertrauensvolle Kooperation, gesellige Veranstaltungen.

Stufe 4 der Anerkennungsbedürfnisse

Delegation von Aufgaben und Verantwortung, Aufstiegsmöglichkeiten, Lob und Anerkennung gegenüber Leistung und Engagement, Erweiterung von Kompetenzen, Verbesserung der Arbeitsräume und Ausstattung.

Stufe 5 der Selbstverwirklichungsbedürfnisse

Freie Entscheidungs- und Entfaltungsmöglichkeiten, Mitbestimmungsmöglichkeiten, anspruchsvolle und kreative Aufgaben, Karriereentwicklung.

Die Stufe 5 erfüllt das Bedürfnis, Kenntnisse, Fertigkeiten und Fähigkeiten frei zu entwickeln, sodass der/die MitarbeiterIn all das verwirklichen kann, was er bzw. sie sich für eine erfolgreiche Realisation vorstellt.

Zwei-Faktoren-Theorie von Herzberg

Der amerikanische Psychologe Frederick Herzberg entwickelte in den 50er- und 60er-Jahren des 20. Jahrhunderts die Zwei-Faktoren-Theorie; sie umfasst seine Untersuchungen zu den „Quellen der Mitarbeitermotivation" nach den Kriterien, die die MitarbeiterInnen bei ihrer Tätigkeit zufrieden oder unzufrieden machen. Herzberg kommt zu der Erkenntnis, dass die Arbeitszufriedenheit von zwei unterschiedlichen Motivgruppen abhängig zu sein scheint: *Hygienefaktoren* und *Motivatoren.*

Die Hygienefaktoren beziehen sich im Kern auf die Arbeitsumgebung. Fragen Sie, liebe/r LeserIn, Ihre KollegInnen nach der Ursache ihrer Unzufriedenheit am Arbeitsplatz, bekommen sie häufig die stereotype Antwort, dass schlechte Chefs, das geringe Gehalt oder die miserablen Arbeitsbedingungen unzufrieden machen. Hygienefaktoren bezeichnen also äußere Faktoren, die Arbeitsplatzorganisation und -einrichtung oder gar die Unternehmenskultur, und nicht die Tätigkeit der MitarbeiterInnen an sich. Negative Hygienefaktoren können zu Arbeitsunzufriedenheit führen; andererseits kann ihre positive Ausprägung die Unzufriedenheit der MitarbeiterInnen lediglich verhindern, nicht aber Arbeitszufriedenheit bewirken, weil positive Arbeitsbedingungen oder eine gute Lohngruppe allein langfristig nicht motivieren können.

Die Motivatoren meinen die Arbeitszufriedenheit, die der/die MitarbeiterIn aus seiner bzw. ihrer Tätigkeit schöpft; sie befriedigen tiefer liegende Bedürfnisse, nämlich etwas zu leisten und Erfüllung darin zu finden. Sie zielen auf die Selbstentfaltung und Selbstverwirklichung, die z. B. durch Anerkennung von Leistung, Stolz auf die Arbeit oder größere Verantwortung entwickelt wird. Herzbergs Modell ist von Maslows Erkenntnissen beeinflusst, weil das Selbstverwirklichungsbedürfnis mit den sinnstiftenden Motivatoren in Verbindung steht. Herzberg war einer der ersten, der konsequent sinnstiftende Arbeitsinhalte forderte, die ein selbstständiges, kreatives und eigenverantwortliches Handeln ermöglichen. Hierzu schuf er den in Fach- und Unternehmenskreisen bekannten Begriff des Job Enrichment, den man mit „Arbeitsbereicherung“ übersetzen kann. Zusammengefasst entwickelte Herzberg mit seinen Kollegen Mausner und Snydermann 1959 16 Kategorien dazu.

1. Faktoren, die zu extremer Unzufriedenheit führen: Unternehmenspolitik/Verwaltung, Überwachung/Kontrolle, Beziehungen zu Vorgesetzten, Arbeitsbedingungen, Lohn/Einkommen, Beziehungen zu Kollegen, eigenes Leben, Beziehungen zu Untergebenen, Status, Sicherheit.

2. Faktoren, die zu extremer Zufriedenheit führen: Leistung, Anerkennung, Arbeit selbst, Verantwortung, persönliche Entwicklung, Fortschritt/Wachstum.

Herzbergs KITA-Modell

Mit der Bezeichnung „KITA-Modell" ist hier nicht das Kürzel für „Kindertagesstätte" gemeint, und dennoch dürfte es sich Ihnen leicht einprägen. Kennen Sie den Ausruf von Führungskräften bei der Unlust von MitarbeiterInnen an der Arbeit? Er erfolgt zumeist spontan, ist aber natürlich nur sinnbildlich gemeint: „Dann geben Sie ihm/ihr einfach einen Tritt in den Hintern!" KITA heißt in diesem Zusammenhang nichts anderes als *„Kick in the ass!"*.

Das KITA-Modell knüpft an die Theorie X von McGregor (sh. S. 26) an und bezeichnet eine Vorgehensweise, die zwar noch in manchen Köpfen geistert, für eine moderne Führungskultur aber denkbar ungeeignet ist. Die sinnbildliche Übertragung des KITA-Modells durch psychischen Druck, unter dem wir heute das Mobbing verstehen, ist unmoralisch. Sie erzeugt letztlich Gegendruck und ist Teil veralteten autoritären Führungsverhaltens.

Erfolg und Grundverständnis

Die Philosophie des Erfolgreichen

Den erfolgreichen Menschen erkennt man auf den ersten Blick. Man sieht, was in ihm steckt, und man spürt, dass er eine schöpferische Kraft in sich trägt.

Er hat einen offenen Blick
und schon nach den ersten Worten bemerkt man, dass man ihm gute Leistungen zutrauen kann.

Der erfolgreiche Mensch gehört zu den Menschen, die früher oder später mit beständiger Sicherheit an die Spitze kommen.

Ein beständiger Geist zeichnet ihn aus.

Es ist der Geist der Initiative, des Mutes und der Arbeitsfreude.

Der erfolgreiche Mensch hat eine nur ihm zukommende Lebensanschauung.

Er glaubt nicht an Intrigen und Lügen. Er glaubt nicht an den Zufall.

> *Er weiß, das sind alles nur Ausreden.*
>
> *Dagegen glaubt der Tüchtige an die Wirksamkeit seiner Leistung. Er glaubt daran, dass er sich selbst anstrengen muss.*
>
> *Er vertraut seiner Fähigkeit, auch Durststrecken durchstehen zu können. Er glaubt vor allem an die treibende Kraft, die von großen Zielen ausgeht.*
>
> ***Nikolaus B. Enkelmann***

Nikolaus Enkelmann, der wohl bekannteste deutsche Management- und Motivationstrainer und Autor zahlreicher Bestseller, bringt mit seinem Text „Die Philosophie des Erfolgreichen“ das Grundverständnis eines motivierten Menschen, einer Mitarbeiterpersönlichkeit, auf den Punkt. Der Text ist – Sie gestatten mir, liebe/r LeserIn, den Ausdruck – das „Glaubensbekenntnis zur Motivation“. Enkelmann reicht uns sozusagen die Basics für ein erfolgreiches Leben: Begeisterungsfähigkeit, Mut, Ehrlichkeit, Offenheit, Zielgerichtetheit, Tüchtigkeit – zusammengefasst: *Der Glaube an sich selbst, der Glaube an die eigenen Kräfte.* Angesprochen werden vor allem das Selbstmotiv und nachfolgend das Leistungsmotiv, das Lernmotiv, das Sachmotiv und das Identifikationsmotiv (sh. S. 42). Pflanzen auch Sie die Saat Ihrer Grundmotive und -einstellungen, und entwickeln Sie Ihre Strategie der Motivation, die im dritten Kapitel eingehend behandelt wird und die den roten Faden für Ihre individuelle Weiterentwicklung im beruflichen und privaten Bereich darstellt.

Der Autor Rolf Rüdiger Cichowski konkretisiert das oben komprimiert dargelegte Grundverständnis von erfolgreicher Lebensgestaltung und füllt die Motivationsmodelle von McGregor zur Theorie Y, von Maslow zur Bedürfnispyramide und von Herzberg zur Zwei-Faktoren-Theorie anhand zahlreicher Praxisbeispiele und Checklisten aus. Cichowski stellt fest, dass die fachlichen Kenntnisse eine Grundlage für beruflichen Erfolg sind, diese allein aber nicht hinreichend sind für den Erfolg. Nach seiner Überzeugung braucht Erfolg mehr, nämlich „persönliche Ziele, Visionen und Strategien; richtiges Auftreten und dazu passendes Erscheinungsbild; situationsgerechte Kommunikation; die Fähigkeit, Situationen und Partner richtig einschätzen zu können; den optimalen Einsatz von Arbeitstechniken und Methoden, die Bereitschaft zu Verantwortung und das passende Umfeld im Wechselspiel von Spannung und Entspannung". Erst dieses wohlverstandene und umgesetzte Zusammenspiel von Grundeinstellung, Motivatoren und Hygienefaktoren bewirkt die von innen heraus gelebte Motivation (intrinsische Motivation).

Die von Enkelmann und Cichowski aufgeführten Elemente des Erfolgs werden zum großen Teil im dritten Kapitel der Motivationsstrategien verfeinert und ausführlich reflektiert; dies an Beispielen aus der Kindergartenpraxis. Doch bevor Sie sich mit diesen von mir entwickelten Strategien vertieft auseinandersetzen, ist die Klärung eines allgemein zu akzeptierenden Grund- und Selbstverständnisses von und über Erfolg erforderlich. Zunächst gehen wir dabei der Frage nach, was wir allgemein unter dem Begriff „Erfolg" verstehen; wir treffen uns quasi auf einer gedanklichen und sprachlichen Ebene, das heißt, wir treffen eine Vereinbarung. Darauf folgt die übersichtliche Darstellung der sogenannten Schlüsselqualifikationen, die in unserer modernen Zeit in fast allen Berufsfeldern zwar erwartet, aber leider noch nicht hinreichend von den MitarbeiterInnen erfüllt werden. Der Abschnitt schließt mit den drei zentralen Grundvoraussetzungen oder besser Vorsätzen für die konkrete Entwicklung und individuelle Ausgestaltung der Motivationsstrategie.

Was verstehen wir unter Erfolg?

Die spontane Beantwortung der Frage „Was ist Erfolg?" dürfte sehr komplex und zugleich umfangreich ausfallen, vor allem würde sie sich vornehmlich nach individuellen und kollektiven Zielsetzungen,

Wünschen, Bedürfnissen und Vorstellungen richten. Für den einen ist Erfolg, was erfolgt; für den anderen ist Erfolg das Erreichen selbst gesteckter Ziele. Beides ist sicherlich richtig, doch geben diese Beispiele keine allgemein gültige Antwort wieder. Auch ein beruflicher Aufstieg auf der Karriereleiter oder der Kauf eines neuen Autos sind sicherlich persönliche Erfolge, reichen aber nicht für ein allgemeines Verständnis des Begriffs aus. Die Beispiele geben lediglich Teilaspekte von Erfolg wieder.

Unsere zentrale Frage, was Erfolg ist, wurde in zahlreichen amerikanischen und deutschen Untersuchungen versucht zu beantworten. Im Folgenden stelle ich Ihnen sechs zentrale Bestandteile von Erfolg zusammen, die allgemein akzeptiert werden; vergleichen Sie hierzu bitte meinen Fachbeitrag „Team und Teamentwicklung" (2002):

1. Ein stabiles Selbstwertgefühl

Ein stabiles Selbstwertgefühl ist der wichtigste Bestandteil, der den Seelenfrieden herstellt – frei von Angst, negativen Gefühlen und Schuld. Wenn Sie sich nicht innerlich entspannt, ruhig, erfüllt und zufrieden fühlen, nützen Ihnen die anderen fünf Bestandteile gar nichts.

2. Ein positives Verhältnis zum eigenen Körper

Dies bezieht sich auf Ihre Gesundheit und Ihre Energie – frei von Krankheit, Schmerzen und Leid. Fitness und Vitalität sind heute in einem bisher nicht gekannten Ausmaß ein Grundbedürfnis. Dabei sollte jedem bewusst sein, dass etwa 80 Prozent eingeschränkter Gesundheit auf Störungen des Seelenfriedens beruhen.

3. Freundschaften und soziale Beziehungen

Sie sind die charakteristischen Grundeigenschaften des Menschen und kennzeichnen die Fähigkeit, auf andere zuzugehen, zu lieben und geliebt zu werden. Amerikanische Untersuchungen haben ergeben, dass Beziehungsprobleme zu ca. 85 Prozent aus unüberlegten Antworten entstehen und umgekehrt ca. 85 Prozent der Erfolge darauf zurückzuführen sind, wie wir mit anderen Menschen umgehen.

Positiv erlebte Beziehungen oder Störungen im kommunikativen Verhalten lassen sich am einfachsten an einem Kriterium feststellen: am Humor und am Lachen. Fragen Sie sich einmal selbst, wie oft und ob Sie mit einer anderen Person lachen können! So trivial es auch klingen mag: Je weniger Sie miteinander lachen, desto größer sind die kommunikativen Störungen oder Beziehungsprobleme!

4. Sinnvolle Arbeit und gesunde Arbeitsbedingungen

Die Übereinstimmung der Kenntnisse, Fähigkeiten und Fertigkeiten mit der beruflichen Aufgabe, die zugleich gesunde Arbeitsbedingungen zur Verfügung stellt, ist die Voraussetzung für motiviertes und erfülltes Handeln. Zugleich sichern die finanzielle Absicherung oder sogar finanzielle Unabhängigkeit die von Ihnen gewünschten Freiheiten.

5. Erstrebenswerte Ziele und Lebenswerte

Die Klarheit der persönlichen Lebensprinzipien führt zu einer lebenswerten Gegenwart, zu einer klaren Vorstellung vom Sinn des Lebens und begründet die Hoffnung auf eine lebenswerte Zukunft. Können Sie die Frage, wofür Sie jeden Morgen aufstehen, spontan und klar beantworten? Amerikanische Untersuchungen haben ergeben, dass ca. 80 Prozent der Menschen wenige oder überhaupt keine Lebensziele haben. Fragen Sie sich einmal selbst, welche konkreten Lebensziele Sie haben, was Sie dafür tun und wer Ihr Verhalten beeinflusst!

6. Selbsterkenntnis und Selbstkompetenz

Das ist die Fähigkeit, mit sich selbst offen, ehrlich und ernsthaft umzugehen; die Fähigkeit, sich konstruktiv und mit Abstand zu beobachten. Dieser Umgang mit sich selbst erzeugt die Bereitschaft, sich zu verändern und seine Persönlichkeit weiterzuentwickeln. Wie ist diese Bereitschaft in etwa feststellbar? Schauen Sie sich einfach Ihre Gewohnheiten und immer wiederkehrenden Verhaltensmuster an, und prüfen Sie, ob diese für eine Verhaltensänderung hinderlich sind. Was tun Sie konkret für Ihre Entwicklung?

Schlüsselqualifikationen

Der Bereich der *Schlüsselqualifikationen* umfasst das gesamte Spektrum fachübergreifender Qualifikationen; diese werden verstanden als individuelle Handlungskompetenz, die in unserer modernen Zeit auf fast allen beruflichen Ebenen als Kernkompetenz erwartet und gefordert wird. Die Schlüsselqualifikationen drücken eine individuelle Kompetenz aus, das heißt die Fähigkeit einer Person, situativ, in sich stimmig und also konsequent zu handeln. Diese zielt auf das Potenzial der individuellen Handlungskompetenz ab, die sich auf dem synergetischen Zusammenwirken von Sozial-, Selbst- und Methodenkompetenz entwickelt. Obwohl nicht alle Kompetenzebenen voneinander zu trennen sind, sind die folgenden Kategorisierungen konkret vorstellbar (vgl. hierzu „Team und Teamentwicklung", 2002):

Sozialkompetenz

Unter Sozialkompetenz verstehen wir die individuellen Fähigkeiten im Team, und zwar in der Kooperation, in der Konfliktlösung und in der Kommunikation.

Selbstkompetenz

Die Selbstkompetenz meint die Selbstorganisation und Selbststeuerung des Verhaltens im Sinne eines Selbstmanagements. Sie setzt sich mit der bewussten Entwicklung eigener Werte und eines Menschenbildes auseinander und befähigt zu eigener und freier Urteilsbildung und der persönlichen Weiterentwicklung und Veränderung.

Methodenkompetenz

Die Methodenkompetenz führt zu einem geplanten, zielgerichteten Umsetzen von Fachwissen und zur Analysefähigkeit. Inhaltliche Zusammenhänge werden erkannt und kritisch hinterfragt. Auf dieser Basis können neue Informationen strukturiert und kreative Lösungen gefunden werden.

Zusammengefasst fordern Schlüsselqualifikationen einen lebenslangen, individuellen Lernprozess, der der Persönlichkeitsentwicklung dient.

Für die MitarbeiterInnen in mittelgroßen Unternehmen und Konzernen ist die Teilnahme an Weiterbildungsveranstaltungen zur Sozial-, Selbst- und Methodenkompetenz längst ein fester Bestandteil der Personalentwicklung geworden. Die Vermittlung dieser Kernkompetenzen findet sich wieder in unterschiedlich konzipierten Kommunikationstrainings und Coaching-Verfahren, die in der Regel von Praktikern aus Wirtschaft und Verwaltung durchgeführt werden; doch diese sind für Kindergärten faktisch nicht bezahlbar. Andererseits wird der Markt von Kommunikationstrainern nahezu überschwemmt, was die Frage nach der Qualität und Seriosität aufwirft.

Der Erwerb von Schlüsselqualifikationen ist ein kontinuierlicher Prozess, der von einem externen Berater, Trainer oder Moderator begleitet werden muss. Dies ist im Rahmen der ErzieherInnen-Ausbildung allein nicht möglich. Ein geeigneter Lösungsansatz wäre der Aufbau eines trägerimmanenten und -übergreifenden Netzwerks oder Verbunds von Kindergarteneinrichtungen, durch das bzw. den eine Finanzierung der Ausbildung ermöglicht werden könnte.

Drei zentrale Grundvoraussetzungen für Erfolg

Wir Menschen sind immerzu bestrebt, ein ausgeglichenes, harmonisches, friedvolles, heiteres, abwechslungsreiches, möglichst konflikt- und sorgenfreies, gar lustvolles und vor allem liebevolles Leben – am liebsten ohne Schmerz und Leid – zu führen. Der Weg dorthin, stellen wir fast jeden Tag fest, ist holprig und steinig. Nehmen wir einmal an, es gäbe einen Weg für ein in diesem Sinne erfülltes Leben: Wie viel Kraft und Energie würden Sie für dieses lohnenswerte Ziel oder für das „Idealbild eines gelingenden Lebens" investieren? Goethe hat diesen „Weg zum Idealbild" so formuliert: *„Über allen anderen Tugenden steht eines: das beständige Streben nach oben, das Ringen mit sich selbst, das unersättliche Verlangen nach größerer Reinheit, Weisheit, Güte und Liebe."*

Nun, wir „arbeiten an uns" und – es darf hinzugefügt werden – wir „arbeiten an anderen", uns mehr oder weniger nahestehenden Menschen und umgekehrt. Doch welcher Teil überwiegt in unserer Weit der Manipulation, der scheinbar unaufhörlichen Beeinflussung? Wir streben nach Erkenntnis, nach positiver Veränderung, und das erfolgreiche Bestreben setzt ein grundlegendes Verständnis voraus: *Arbeit an sich ist Arbeit an sich.* Dieser Fachbeitrag bietet Ihnen die Möglichkeit zur persönlichen Auseinandersetzung, insbesondere im Kontext Ihrer beruflichen Tätigkeit als MitarbeiterIn in einem Kindergarten. Lassen Sie sich also ein auf die nun folgenden Fragen und Anregungen im dritten und vierten Kapitel, und zwar aktiv – es lohnt sich! Lassen Sie sich dabei leiten von drei zentralen Vorsätzen oder Zielsetzungen, die auch Sie sich zu eigen machen können, nämlich:

1. gelassener zu werden;
2. die Leichtigkeit des Seins wiederzuentdecken und
3. ganz bei der Sache zu sein.

Sind Sie also bereit, willens und fähig, Ihre Energie und Ihre Kraft für die erfolgreiche Umsetzung dieser Vorsätze oder Zielsetzungen zu investieren? Wir stellen fest: *Wer sich nicht bewegt, spürt seine Fesseln nicht!*

Aus dem „Vokabelheft" der Unternehmerin Iris Hessel, geschäftsführende Gesellschafterin der Irisgerd Immobilien GmbH & Co. KG, zitiere ich Ihnen nun zum Abschluss des zweiten Kapitels das *ABC des Erfolgs.* Es möge für Sie ein gelungener Einstieg sein in die konkrete Auseinandersetzung mit den Motivationsstrategien und dem Self-Coaching, Sie anregen und nachhaltig motivieren:

A „Aller Anfang ist schwer.

B Bleib so, wie du bist, und ändere dich täglich.

C Carpe diem, nutze den Tag.

D Der Weg ist das Ziel.

E Erwarte vom Leben stets das Beste.

F Fehler sind nur eine Umleitung auf dem Weg zum Erfolg.

G Gedanken bestimmen dein Leben.

H Hinter unserem Unternehmens-Erfolg steht ein sehr gutes Team von MitarbeiterInnen.

I Irisgerd, auf der Welle des Vertrauens.

J „Jedermann“ von Hugo von Hofmannsthal ist einmal im Jahr Pflicht für mich.

K Kaum einer sagt noch „danke“, dabei ist es die größte Motivation.

L Lehne es nicht ab, das Negative zur Kenntnis zu nehmen.
Weigere dich lediglich, es zu akzeptieren.

M Man muss dass Unmögliche versuchen, um das Mögliche zu erreichen.

N Niemals aufgeben ist mein größtes Erfolgsgeheimnis.

O Optimisten denken ebenso einseitig wie Pessimisten, sie leben nur glücklicher.

P Pflege deine kostbaren Fähigkeiten und Talente.

Q Qualifikation ist Voraussetzung, Menschlichkeit ist wesentlich.

R Respektiere die Menschen so, wie sie sind, es gibt keine anderen.

S Schau nur auf die Lösung.

T Tage ohne Lachen sind verlorene Tage.

U Unternehmerin sein macht mich glücklich.

V Verträume nicht dein Leben, lebe deine Träume.

W Wer einmal sich selbst gefunden hat, kann nichts mehr verlieren.

Z Zufriedenheit ist für mich das schönste Lebensgefühl.“

Strategien der Motivation

Prinzip des Handelns

Worauf es im Leben ankommt: Die Erkenntnis des Lebens

Ein Sultan im Orient holte sich seinen weisen Berater zu sich und sagte: „Mein Volk hat jahrelang für meinen Reichtum gesorgt und die Steuern ohne Beanstandung abgeführt. Nun will ich meinem Volk danken und ihm die Weisheit des Lebens schenken. Finde heraus, worauf es im Leben ankommt, und sprich mit den einfachen und weisen Menschen in unserem Land."

Der Weise hörte sich im Volk um und kam nach genau einem Jahr zum Sultan zurück: „Hier habe ich die Weisheit des Lebens und dies in diesem Papier dokumentiert." Der Sultan nahm das dreißigseitige Werk entgegen und zerriss es sofort: „Was soll ich mit dreißig Seiten? Wie soll mein Volk dies verstehen? Geh hinaus und finde die Lösung, die mein Volk akzeptieren und verstehen kann!"

Der Weise tat, wie ihm geheißen, und mischte sich wieder ein Jahr lang unter das Volk. Er trat wiederum vor seinen Gebieter und präsentierte ihm ein deutlich kürzeres Werk: drei Seiten. Der Sultan nahm es aber nicht entgegen und entrüstete sich: „Wie soll ich meinem Volk auf drei Seiten die Lebensweisheit vermitteln? Es hört mir doch gar nicht zu und versteht zudem nicht, was ich ihm schenken möchte! Weiser, geh ein letztes Mal, und gib mir endlich die Erkenntnis des Lebens!"

Dem Weisen war klar, welche Bedeutung die Aufforderung hatte – es war wohl das letzte wohlwollende Ansinnen. Wieder nach einem Jahr kehrte der Weise zurück. Er reichte dem Sultan einen Zettel, auf dem nur vier Worte standen. Der Sultan nahm ihn an und zeigte sich hocherfreut: *„Du hast die Lebensweisheit gefunden. DAS ist es, worauf es im Leben ankommt: VON NICHTS KOMMT NICHTS!"*

Verfasser unbekannt

> *„Das große Ziel des Lebens ist nicht Wissen, sondern Handeln."*
>
> ***Thomas Henry Huxley***

Jede Veränderung beginnt mit dem Handeln, jede Entwicklung geschieht durch Bewegung, und jeder Fortschritt wird eingeleitet durch die Tat. Die Sentenz *„Von Nichts kommt nichts"* ist für viele eine Binsenweisheit; für die wenigsten eine Lebensweisheit, nach der Leben aktiv gestaltet und das Fundament dafür hergestellt werden muss, die kleinen und großen Probleme des Alltags gezielt anzupacken und zu lösen. Es bestehen Welten zwischen dem, was wir uns gedanklich vorstellen oder vornehmen, und dem, was wir tatsächlich tun oder ausführen. Diese Diskrepanz zwischen Passivität (Statik, Status) und Aktivität (Lösung, Veränderung) zeigt sich in den allseits bekannten Sprachmustern *„eigentlich„, „vielleicht"* oder *„ja, aber ..."*

Horváths Sinnspruch *„Eigentlich bin ich ganz anders, nur komme ich so selten dazu"* ist symptomatisch für unsere alltäglich gebrauchten und wiederkehrenden Denkstrukturen und Verhaltensmuster und letztlich der Bremsklotz für die positive (Weiter-)Entwicklung der individuellen Persönlichkeit, für das natürliche Bedürfnis, sich in die gewünschte Richtung zu verändern und als Konsequenz: Bremsklotz für ein gelungenes Miteinander, für eine erfolgreiche (innere wie äußere) Kommunikation. *Der Mensch kommt immer weniger zu sich und ist vielmehr „außer sich"* – einfach, weil er das Gefühl hat, fremdbestimmt zu sein. Druck am Arbeitsplatz, Stress im Privat- und Beziehungsleben, Beschleunigungs- und Anpassungsdruck, Reizüberflutung, Suchtproblematik, Arbeitslosigkeit, Medienkonsum, Existenzängste, Gewaltproblematik und Angstgefühle sind nur wenige Beispiele, die uns wegführen von dem, was bzw. wer wir „eigentlich" sein wollen bzw. zu sein glauben.

„Eigentlich müsste ich das Gespräch mit einer Mutter suchen, um sie über die Verhaltensauffälligkeiten ihres Kindes zu informieren und gemeinsam mit ihr nach einer Lösung zu suchen. Allerdings weiß ich auch, dass sie sehr ungehalten reagieren kann und meinen Argumenten kaum zugänglich ist." Viele von Ihnen kennen diese vage Haltung, die sich vornehmlich darin begründet, vermeintlichen Ärger, erwartete Kritik und vermuteten Energie- und Zeitverlust zu vermeiden. Wir kommen in diesen und vielen ähnlichen uns nur allzu vertrauten Situationen nicht umhin festzustellen, dass wir nach dem „Verdrängungs- und Vermeidungsprinzip" handeln, in der Hoffnung, dass sich das Problem von allein lösen wird oder sich irgendwie eine von „außen entwickelte" Lösung finden lässt – frei nach dem Motto: „Alles wird gut!"

Dieses „Eigentlich-Ja-aber-Verhalten" birgt in sich die Gefahr, seinen passiven Zustand den äußeren Verhältnissen und Strukturen zu überantworten mit der Konsequenz, private und berufliche Probleme nicht selbstständig anzugehen und zu lösen. Die Erkenntnis von George Bernard Shaw erscheint in diesem Zusammenhang aktueller denn je: „Man gibt immer den Verhältnissen die Schuld für das, was man ist. Diejenigen, die in der Weit vorankommen, gehen hin und suchen sich die Verhältnisse, die sie wollen – und wenn sie sie nicht finden können, schaffen sie sie selbst." Können Sie Ihre Verhältnisse ändern oder selbst schaffen? „Eigentlich" klingt mir Ihre Antwort schon jetzt in den Ohren, die mit „Ja, aber ..." beginnt!

Das Prinzip des Handelns steht an erster Stelle der Motivationsstrategien und zeugt von einer Grundeinstellung, die Veränderung erst ermöglicht. Hierzu gehört der von innen angelegte Mut, unangenehme Situationen anzunehmen und zu bewältigen; privat und beruflich als wichtig bzw. notwendig empfundene Veränderungen aktiv vorzunehmen und neue und unbekannte Situationen als Herausforderungen zu verstehen. *Mut ist Haltung und Handlung.* Diese Charaktereigenschaft schließt das Risiko nicht aus und versteht fehlgeschlagenes Verhalten als unerlässlichen Lernprozess zur Entfaltung der Persönlichkeit. Wir Menschen leben sehr gern in unserer Sicherheits- und Komfortzone. Für uns ist es angenehmer, Bekanntes zu wiederholen und unsere Ketten der Gewohnheit straffer zu ziehen. Wir handeln so, dass wir uns „guttun", und wollen möglichst viele Konflikte vermeiden. Wir handeln nach dem „Lustprinzip". All das, was wir tun, muss möglichst Freude und Spaß bringen. Ja, wir richten uns darauf ein und scheitern doch erneut daran, es allen recht zu machen und ein harmonisches Miteinander zu leben. Ich nenne diese Haltung *„Lust ohne Anstrengung"*, die nur Bekanntes, Bequemes, Gewohntes „reproduziert" – sozusagen eine immer wiederkehrende „Neuauflage des (gewohnten) Verhaltens".

Menschsein oder Leben heißt aber nichts anderes als „Probleme lösen", weil nur so eine Entwicklung stattfinden kann. Und dies geschieht allein durch Handeln! Wir alle kennen die Situation, in der uns zum Beispiel aufgrund einer Beschwerde ein unangenehmes Gespräch bevorsteht. Wir vereinbaren einen Rückruf mit dem/r GesprächspartnerIn, legen aber den Termin nicht präzise fest. Ist der Zeitpunkt des Gesprächs gekommen, tappen wir in diesem Moment immer wieder von Neuem in die Falle und reden uns ein: *„Das kann ich ja morgen erledigen"* (die sogenannte „Aufschieberitis"). Wir wagen es nicht, wir wagen uns nicht. Andererseits wissen wir alle, liebe/r LeserIn, dass die Befürchtung eines negativen Gesprächsverlaufs in den meisten Fällen nicht eintritt. Wir kommen einfach aus der „Kuschel-Komfort-Sicherheitszone" nicht heraus!

Übernehmen Sie von nun an Verantwortung für Ihr Tun, und machen Sie sich die folgende Einstellung zu eigen: „Gewinnen beginnt mit Beginnen!"

10 Übungen zur Entwicklung der persönlichen Strategie Bewusst machen – Standort bestimmen – verändern

1. Sind Sie ein zurückhaltender, eher passiver oder ein aktiver, eher anpackender Mensch?
2. Glauben Sie, dass Sie Ihr Leben überwiegend selbst gestalten oder „werden Sie gestaltet"?
3. Haben Sie eine Vorstellung davon, wie Sie Ihr Leben selbstbestimmt gestalten (könnten)?
4. Woran liegt es, dass Ihr Leben von anderen und/oder äußeren Umständen gestaltet wird?
5. Wer oder was beeinflusst Ihr privates und/oder berufliches Leben und warum?
6. Wünschen Sie sich eine Veränderung Ihrer privaten und/ oder beruflichen Situation? Partnerschaft/Familie, Freizeit (Freunde/Hobbys), Beruf/berufliche Perspektive:
7. Schieben Sie mehr oder weniger unangenehme Aufgaben (z. B. schwierige Telefonate) hinaus? Welche Gründe haben Sie für Ihr Verhalten?
8. Sind Sie ein mutiger, verantwortungsbewusster Mensch? Meine „Mutproben" der Vergangenheit: Ich habe/übernehme Verantwortung für:
9. Sehen Sie sich als Teil von Problemen oder als Teil von Lösungen, das heißt, denken bzw. handeln Sie problem- oder lösungsorientiert?

   Ich beschäftige mich (zunächst) zu sehr mit den Problemen, weil

   Ich gehe die Lösung von Problemen so schnell wie möglich an, weil

10. Sie haben drei Wünsche frei. Schreiben Sie Ihre Wünsche auf, und stellen Sie kurz dar, wer oder was ihrer sofortigen Erfüllung entgegensteht:

    Veränderungswunsch 1:

    Veränderungswunsch 2:

    Veränderungswunsch 3:

Das hilft Ihnen: 10 Empfehlungen für das Prinzip des Handelns

1. Ersetzen Sie Ihren (passiven) Sprachgebrauch: „Eigentlich müsste ich ...“, „Vielleicht mache ich es ...“, „Ich sollte mal ...“ und „Ja, aber ...“ durch den (aktiven) Wortschatz: „Ich handle sofort ...“, „Ich tue es!“ oder „Ich packe es an!“
2. Bringen Sie zu Hause und/oder an Ihrem Arbeitsplatz folgende Worte an sichtbarer und geeigneter Stelle an: „Wenn nicht jetzt – wann dann?“ oder nur „JETZT!“
3. Führen Sie ein Gespräch mit einer Person, die zu einem Thema eine andere Meinung vertritt als Sie, und vermeiden Sie dabei die Ausdrücke „Eigentlich ...“ und „Ja, aber ...“!
4. Erfahren Sie die Grundhaltung, selbst am Steuer Ihres Lebens zu sitzen, und übernehmen Sie für all das, wofür Sie sich entscheiden (entschieden haben) und was Sie tun oder unterlassen, die Verantwortung.
5. Vermeiden Sie möglichst den Konjunktiv (z. B. „Ich würde ...“, „Ich hätte ...“), und ersetzen Sie ihn durch „Ich werde ...“, „Ich bin ...“ oder „Ich habe ...“.
6. Denken Sie an Ihre gelungenen „Mutproben“ in der Vergangenheit, und machen Sie sich kontinuierlich bewusst,

dass es sich lohnt, Risiken einzugehen und positive Ergebnisse zu erzielen.

7. Machen Sie sich klar, dass Fehler notwendig sind für die persönliche Weiterentwicklung. Beginnen Sie damit, Ihre Fehler zu akzeptieren, diese sich und anderen auch einzugestehen und sie gleichzeitig zu korrigieren bzw. nicht zu wiederholen.

8. Haben Sie den Mut, Neues und Unbekanntes zu wagen. Empfinden Sie dabei Abenteuer- und Entdeckerlust. Nur so kommen Sie aus Ihrer Sicherheitszone heraus, denn Sie wissen ja: „Eines ist sicher: Nichts ist sicher!"

9. Entscheiden Sie sich immer „für etwas" und nicht „gegen etwas".Diese positive und aktive Grundhaltung lädt ein zum Handeln und damit zur positiven Veränderung.

10. Empfinden Sie sich immer als Teil der Lösung und nicht als Teil des Problems! Denken Sie handlungs- und ergebnisorientiert. Bedenken Sie: Die Analyse ist wichtig, die Lösung ist wichtiger.

Zusammenfassung

- Das Prinzip des Handelns ist das Fundament bzw. der Ausgangspunkt für Motivation.
- Handeln und Mut sind Geschwister: Nur gemeinsam wird eine Veränderung und Entwicklung möglich.
- Die Sprach-, Denk- und Verhaltensmuster des „eigentlich", „vielleicht" oder „ja, aber ..." wirken kontraproduktiv; sie offenbaren bzw. führen zu Verunsicherung.
- Die positive Grundhaltung „für etwas" und der konsequente Sprachgebrauch in der Gegenwartsform („Ich bin ...", „Ich habe ..." oder „Ich mache ...") sind aktionsauslösend und bewirken Handlung und Veränderung.

- Die Gewohnheit hat ihr Zuhause in der Sicherheits- und Komfortzone. Alles darin angelegte Tun ist letztlich „Lust ohne Anstrengung" und verhindert eine Veränderung.
- Die Übernahme von Verantwortung und eine aktive Klärung von Problemen entlasten und befreien. Damit wird es leichter, Fehler zu akzeptieren, zu tolerieren und in der Zukunft zu vermeiden.
- Es allen Menschen recht machen zu können ist eine unerfüllbare Vorstellung. Die Akzeptanz gegensätzlicher Meinungen ist die Saat für Veränderung.
- Das Prinzip des Handelns stärkt Selbstbewusstsein und Selbstvertrauen, es verhilft dazu, Stück für Stück selbstbestimmter zu leben, und es ist das zentrale Motivationsinstrument für die folgenden neun Prinzipien.

Meine Diamanten

Ich halte folgende drei Punkte fest, die mir zum *Prinzip des Handelns* besonders wichtig sind:

1. ––––––––––––––––––––––––––––––

2. ––––––––––––––––––––––––––––––

3. ––––––––––––––––––––––––––––––

Prinzip der Achtsamkeit

Gruß an die Morgendämmerung

Sieh diesen Tag!

Denn er ist Leben, ja das Leben selbst. In seinem kurzen Lauf

liegt alle Wahrheit. Alles Wesen deines Seins:

Die Seligkeit zu wachsen,

die Freude zu handeln, die Pracht der Schönheit;

denn Gestern ist nur noch ein Traum,

und Morgen ist nur ein Bild der Fantasie,

doch Heute, richtig gelebt, verwandelt jedes Gestern

in einen glückseligen Traum

und jedes Morgen in ein Bild der Hoffnung.

So sieh diesen Tag genau!

Das ist der Gruß der Morgendämmerung.

Kalidasa (indischer Dramatiker)

Das Leben, erkennen wir zu spät, muss gelebt werden, in jedem Augenblick des Tages und der Stunde.

Stephen Leacock

> *Achte auf deine Gedanken – sie werden Worte.*
>
> *Achte auf deine Worte ... sie werden Handlungen.*
>
> *Achte auf deine Handlungen – sie werden zu Gewohnheiten.*
>
> *Achte auf deine Gewohnheiten – sie werden dein Charakter.*
>
> *Achte auf deinen Charakter – er wird dein Schicksal.*
>
> ***Konfuzius***

Achtsamkeit ist Wertschätzung des Augenblicks. Achtsamkeit führt hin zur Entdeckung des Wesentlichen. Achtsamkeit sensibilisiert unsere Wahrnehmung nach innen wie nach außen. Achtsamkeit schult unsere Sinne und lehrt Konzentration. Achtsamkeit ermöglicht Präsenz, nämlich im Moment *da zu sein.* Achtsamkeit ist Wachsein, das unser Bewusstsein für das Tun und für das Aufnehmen von Geschehnissen schärft. Der Dalai Lama fasst die Bedeutung von Achtsamkeit so zusammen: „Achtsamkeit kommt aus einem stark entwickelten Bewusstsein für die eigenen körperlichen und verbalen Handlungen, was sich auch auf die Traumwelt überträgt. Wenn man dem eigenen Verhalten beim Essen, Kommen und Gehen, Stehen und Sitzen und so weiter sehr genau Beachtung schenkt, dann schlagen die Bedingungen für Achtsamkeit kräftige Wurzeln."

Das Handeln (Tun) und die Achtsamkeit (Präsenz) sind ein „unschlagbares Team" für ein gelungenes, erfülltes und glückliches Leben – ein „Traumpaar der Motivation". Unser Grundverständnis für das Handeln und die Achtsamkeit ist der Türöffner für ein bewussteres Leben, für mehr Lebensqualität und für Lernfähigkeit (Veränderungsfähigkeit). Passt dieses Verständnis von Achtsamkeit überhaupt in unsere Kultur- und Lebenswelt, mögen Sie, liebe/r LeserIn, sich (selbst-)kritisch fragen. Sie stellen sofort einen Bezug her zu Ihrer unmittelbaren Lebensumwelt in der Privatsphäre und im Beruf und betrachten dabei die Geschäftigkeit des Alltags, Ihres Alltags: die Hektik, die Beschleunigung, das unerhörte Tempo des

Informationszeitalters, die rasante Vermehrung des Wissens, die wachsenden beruflichen Anforderungen und der kaum noch zu ertragende Zeitdruck. Sie sehen sich in einer schnelllebigen Zeit, in der die Menschen zunehmend die Orientierung und den Sinn für ihr Tun zu verlieren scheinen und in der dies unmittelbar an den Kindern im Kindergarten abzulesen ist, die mit steigender Tendenz Verhaltensauffälligkeiten aufweisen. Doch genau mit dieser Wahrnehmung der (Um-)Welt spüren Sie allmählich, dass Sie sich mittendrin befinden in der Anpassungs- und Beschleunigungsfalle.

Wir leben in einer Weit des *Multitasking,* was übersetzt in etwa heißt, dass wir mehrere Aufgaben zur gleichen Zeit erledigen (müssen). Das konkrete Bild ist Ihnen vertraut, wenn Sie über einen Zeitraum von vielleicht mehreren Tagen Ihre Kindergartengruppe allein zu betreuen haben, weil Ihr/e KollegIn erkrankt und keine Vertretungsregelung möglich ist. Gezielte elementarpädagogische (Projekt-)Arbeit ist dann kaum möglich, weil die Einflüsse der Kinder und die organisatorischen Aufgaben, abgesehen von Ihren persönlichen Bedürfnissen und Vorhaben, kumulieren. Sie haben das Gefühl, nur noch zu reagieren, und sind mit der Lösung Ihrer Aufgaben mehr als unzufrieden. Diese Situation kostet Ihre Kraft und Energie, und nachmittags bzw. abends fahren Sie erschöpft nach Hause – ach ja, da ist ja noch Ihre Familie und/ oder der Haushalt. Ist es nicht so? Sie nehmen Ihre beruflichen Sorgen mit nach Hause und „sorgen" oder gar „ängstigen" sich vor dem Morgen. Schließlich spürt Ihr privates Umfeld Ihre Unruhe und bekommt überdies Ihre Nervosität zu spüren – das harmonische, ausgleichende und aufbauende Miteinander leidet. Und morgens, wenn Sie aufwachen, möglicherweise nach einer unruhigen Nacht. haben Sie das Gefühl, Hunderte von Dingen an diesem Tag erledigen zu müssen. Ihre Gedanken fahren Achterbahn. Nichts geschieht in voller Achtsamkeit und Konzentration. William Osler sagt hierzu: *„Wenn die Bürde von morgen mit der von gestern getragen werden muss, wankt auch der Stärkste"*, fügt hinzu: *„Der Rettungsanker ist das Heute!"*, und meint die Bewältigung der Aufgaben, und zwar Schritt für Schritt.

Wenn wir also nicht eins nach dem anderen tun, langsam und gleichmäßig, so wie die Körner durch die Sanduhr rinnen; wenn wir nicht konzentriert und bewusst die auf uns einfließenden Aufgaben angehen, dann werden wir irgendwann körperlich und geistig zusammenbrechen. Die Motivation, achtsam und aufmerksam zu leben, und die Motivation, klar und zielbewusst zu handeln (zu verändern), verhindert oder reduziert zumindest die Gefahr, immer wieder von Neuem in die „Stressfalle" zu tappen. Prof. Dr. Dr. Spitzer beschreibt die Stresssituation so:

„Wer etwas tun kann (in einer Situation), der hat keinen Stress; wer hingegen nicht weiß, was auf ihn zukommt und die Situation nicht beeinflussen kann, der hat Stress."

Kommen wir noch einmal zurück auf den Eingangssatz: *„Achtsamkeit ist Wertschätzung des Augenblicks."* Diese Erkenntnis beginnt immer bei der Person selbst und meint die Wertschätzung sich selbst gegenüber; sie meint die *Selbstachtung*, das *Selbstwertgefühl* und das *Selbstbewusstsein.* Allein aus dieser Erkenntnis heraus können Sie Ihre persönliche Lebensstrategie entwickeln und alles dafür tun, bewusster und würdevoller mit sich selbst umzugehen. Sie haben immer die Chance, „Ihren eigenen Garten nach Ihren Vorstellungen zu pflegen" und die Samen einzupflanzen, die Wachstum und Reife ermöglichen (vgl. hierzu den Abschnitt „Self-Coaching").

Ohne die eigene, persönliche Wertschätzung ist die Wertschätzung des anderen oder des menschlichen Umfeldes kaum vorstellbar, erfahrbar und lebbar. *Wer das Leben nicht genießt, wird ungenießbar* oder – bitte verzeihen Sie mir diese Provokation – *wer mit seinem Leben nicht fertig wird, hat die Tendenz, andere fertig zu machen!*
In diesem Zusammenhang wird das 3. Prinzip der Lebenswerte bedeutsam, nämlich sich ein klares Wertebild darüber zu machen, was richtig oder falsch, gut oder schlecht usw. ist. Und schließlich meine ich die *Achtsamkeit gegenüber Objekten und Sachverhalten,* die Voraussetzung dafür ist, sich und das Leben zu erschließen, Ereignisse und Handlungen zu verstehen.

Entwickeln Sie eine „Objektsprache“, die Sie für das Detail sensibilisiert, sei es am Beispiel „Faszination Natur (‚Der Blütenzauber!‘), Farbe oder (menschlicher) Körper“, also alles, was Form und Inhalt hat. *Entwickeln Sie eine Körpersprache,* die achtsam und aufmerksam im Einklang steht mit Ihrem Denken und Ihrem Gefühl; stellen Sie eine Kongruenz her zwischen Wollen und Machen. *Entwickeln Sie Ihre Sprache,* Ihren verbalen Ausdruck, und finden Sie das Maß und die Wirkung; denn wir wissen alle, ein Wort zu viel oder zu wenig kann unzählige Steine ins Rollen bringen und schlimmstenfalls hinterlassen sie einen Geröllhaufen. Seien Sie also ein Meister der bewussten Wahrnehmung; Sie erreichen die „Meisterschaft“ nur durch Handeln und Achtsamkeit. Theodor Fontane hilft in diesem Prozess ungemein, wenn er erkennt: *„In der Ruhe liegt die Kraft.“*

Wir wissen, dass unser Gehirn nur einen Gedanken zurzeit denken kann, nicht mehrere Gedanken auf einmal. Wir denken analog. Und weil das so ist, können wir eine Aufgabe nur Schritt für Schritt lösen und nicht mehrere Dinge gleichzeitig. Es ist ein Irrglaube (häufig von Frauen angeführt!), dass Frauen mehrere Dinge zur selben Zeit „besser“ als ihr geschlechtliches Pendant ausführen können. Dies und wie so vieles andere ist keine Geschlechterfrage. Gehen Sie Ihren Aufgaben konzentriert und Schritt für Schritt nach, und entwickeln Sie dabei eine innere oder gar „gespannte“ Ruhe, dann spüren Sie die Kraft, die Fontane meint. Franz Werfel fasst das eben Gemeinte treffend zusammen: *„Zwischen zu früh und spät liegt immer nur ein Augenblick.“*

10 Übungen zur Entwicklung der persönlichen Strategie: Bewusst machen – Standort bestimmen – verändern

1. Betrachten Sie Ihren Tagesablauf, und stellen Sie die Phasen dar,

a) in denen Sie konzentriert und aufmerksam Ihren Aufgaben nachgehen (können).
beruflich:
privat:
b) in denen Sie mehrere Aufgaben zur gleichen Zeit erledigen (müssen).
beruflich:
privat:

2. Woran liegt es, dass Sie sich
   a) Ihren Aufgaben voll widmen können bzw.
   b) der Wahrnehmung Ihrer Aufgaben nicht konzentriert und in Ruhe Schritt für Schritt nachgehen können?

3. Machen Sie sich klar, welche Aufgaben/Tätigkeiten Sie
   a) gern ausführen:
   b) ungern ausführen:

4. Welche Motivation steht bzw. welche Beweggründe stehen
   a) hinter den Aufgaben, die Sie gern ausführen:
   b) hinter den Aufgaben, die Sie ungern ausführen:

5. Schauen Sie sich Ihren Tagesablauf einmal genauer an, und machen Sie sich klar, welche Tätigkeiten Sie routiniert ausführen und welchen Grad der Beachtung Sie diesen Routinetätigkeiten schenken!

6. Was hindert Sie daran, Ihren Aufgaben konzentriert nachgehen zu können?
   a) Äußere Einflüsse:
   b) Wechselnde Gedanken (berufliche/private Probleme):
   c) Andere Einflüsse:

7. Beobachten Sie sich: Welche Gedanken haben Sie, wenn Sie morgens aufwachen? Schreiben Sie an einem Morgen auf, welche Gedanken Sie beschäftigen!

8. Trainieren Sie Ihre Achtsamkeit. Machen Sie sich immer wieder von Neuem Ihre Tätigkeiten bewusst! Achten Sie

darauf, ob Sie das Essen genießen, ob Sie morgens mit Freude und nicht allein der Hygiene wegen duschen, ob Sie bewusst gehen und nicht nur durch die Gegend hetzen ...

9. Trainieren Sie Ihre Wahrnehmungsfähigkeit. Schildern Sie den Weg zu Ihrer Arbeitsstätte, protokollieren Sie eine Nachrichtensendung oder ein wichtiges Gespräch, beschreiben Sie Gegenstände, Klänge, Düfte ...

10. Trainieren Sie Ihr Namensgedächtnis. Konzentrieren Sie sich auf Namen, und bringen Sie diese mit Bildern, Eigenschaften und besonderen Details in Verbindung! Probieren Sie diese Übung in Ihrer beruflichen und privaten Praxis aus.

Das hilft Ihnen: 10 Empfehlungen für das Prinzip der Achtsamkeit

1. Seien Sie bei allem, was Sie tun, aufmerksam, und finden Sie sich hinein ins „Hier und Jetzt".

2. Worte haben Zauberkraft: Schreiben Sie nur fünf Buchstaben auf den wertvollsten Untergrund, den Sie kennen und den Sie unmittelbar sehen, z. B. wenn Sie am Morgen Ihre Augen öffnen: „HEUTE" . So machen Sie sich immer wieder von Neuem bewusst, worauf es ankommt, nämlich voll und ganz bei sich und im Augenblick zu sein.

3. Beginnen Sie den Tag mit einem ausgiebigen Frühstück! Beziehen Sie Ihr Umfeld ein, entdecken Sie (wieder) den Genuss, und lassen Sie Ihre/n PartnerIn, Ihre Kinder daran teilhaben. Das ist „Ihr Gruß an die Morgendämmerung" und ein gelungener Tagesbeginn.

4. Nehmen Sie sich am Abend 15 Minuten Zeit und schreiben Sie in Stichpunkten die Dinge auf, die Ihnen gelungen

sind oder über die Sie sich gefreut haben. Sie werden mindestens drei positive Beispiele finden. Das sind in der Woche 21, im Monat 90 und im Jahr 1.080 wirklich stattgefundene positive Erlebnisse! Schon nach kurzer Zeit wird Ihnen bewusst, dass Ihnen viel mehr gelingt, als Sie annehmen bzw. zuvor angenommen haben. Und Ihr Selbstwertgefühl und Ihre Selbstsicherheit werden wachsen.

5. Schreiben Sie auch die Dinge auf, die Ihnen am Tag nicht gelungen sind oder die Sie als negativ empfunden haben. Mit dieser Strategie vermeiden Sie z. B. die Häufigkeit von Fehlern und sind bestens darauf eingestellt, künftig angemessener und souveräner zu reagieren.

6. Schauen Sie zu Hause oder am Arbeitsplatz gedanklich in einen Spiegel, auf dem zu lesen steht: „So sieht mich meine Familie, mein/e PartnerIn bzw. so sehen mich die Kinder, Eltern und KollegInnen heute!" Auf diese Weise entwickeln Sie Humor; Ihnen wird zunehmend bewusst, welche Bedeutung Ihre Ausstrahlung hat und vor allem, dass ein Lächeln – so schwierig die persönliche Situation im Moment auch sein mag – eine positive Wirkung sowohl nach innen als auch nach außen hat. „Wer den Tag mit einem Lächeln beginnt, hat ihn bereits gewonnen!" (Tschechischer Sinnspruch)

7. Fangen Sie noch heute damit an, sich nach innen und außen Grenzen zu setzen. Sagen Sie nicht „Ja", wenn Sie „Nein" meinen. Und zeigen Sie nach außen, dass das, was Sie in Ihren Verhaltensweisen verändert haben, Ihnen guttut und schließlich auch Ihrem Umfeld zugutekommt. So werden Sie sich immer mehr zutrauen und mehr leisten.

8. Organisieren Sie jeden Tag so gut wie möglich, und schreiben Sie die wichtigsten Schritte auf. Diese Technik schult Ihre Selbstdisziplin und Konzentration. Sie werden sukzessive feststellen, dass Ihnen immer mehr gelingt.

9. Machen Sie sich bewusst: „Weniger ist mehr!" Setzen Sie diesen Grundsatz in Ihrer Sprache, Ihren Ansprüchen und Ihrem Verhalten um. Allmählich schält sich das Wesentliche, das, worauf es ankommt, heraus. Dabei lernen Sie vor allem, dass Sie nicht immer alles begründen oder legitimieren müssen.

Belohnen Sie sich in Phasen, in denen Sie sich negativ gestresst fühlen. Dies kann eine kleine Auszeit sein, die Sie auch an hektischen Arbeitstagen nehmen können. Ein kurzer Spaziergang zum Durchatmen und Abstand gewinnen, ein Cappuccino im nahe gelegenen Café oder gar im Kindergarten, ein „Rückzugsgespräch" mit einer Ihnen vertrauten Person oder KollegIn: Dies sind kostengünstige Möglichkeiten und ersetzen mitunter den teuren Psychologen.

Zusammenfassung

- Das Prinzip der Achtsamkeit ist die bewusste Wahrnehmung des Augenblicks.
- Achtsamkeit ist Wertschätzung sich selbst gegenüber, sie stärkt die „Selbstachtung" und fördert das Selbstwertgefühl und Selbstbewusstsein.
- Achtsamkeit unterstützt die „bewusste Annahme des unmittelbaren menschlichen und sächlichen Umfeldes" und entwickelt die Wertschätzung des „Außen".
- Die volle „Aufmerksamkeit des Augenblicks" fördert Konzentration und Selbstdisziplin.
- Achtsamkeit verhilft zu einem bewussteren Leben und erschließt das Wesentliche in den kleinen und großen Dingen. Dies führt zu der grundsätzlichen (Lebens-)Erkenntnis, dass „weniger mehr ist" und zum richtigen Maß des (verbalen, nonverbalen oder schriftlichen) Ausdrucks, von der die Wirkung beeinflusst wird.
- Achtsamkeit sensibilisiert Ihre Wahrnehmung.

- Der achtsame Umgang mit sich selbst, der Körpersprache und dem Ausdruck, mit anderen Menschen, der Natur, Objekten und Sachverhalten verbessert die Kommunikation, soziale Kompetenz und persönliche Ausstrahlung.
- Fehler entstehen zumeist aus Unachtsamkeit oder einem Mangel an Aufmerksamkeit, weniger aus Unkenntnis oder Unwissenheit. Deshalb sollte man sich bei jedem Fehler zunächst offen und ehrlich die selbstkritische Frage stellen, ob man bei der Aufgabe zu 100 Prozent bei der Sache war.
- Achtsames Handeln ist „Da-Sein“, also die volle Präsenz schlechthin; es führt zu einer Verbesserung der Lebensqualität, zu einem erfüllteren und glücklicheren Leben.
- Jede Aufgabe lässt sich nur Schritt für Schritt erfolgreich ausführen, wir können nur einen „Gedanken zurzeit“ denken und lernen daraus, dass der Glaube, mehrere Aufgaben seien gleichzeitig zu lösen, letztlich ein Irrglaube ist. Bismarck sagte dazu: „Jage niemals zwei Hasen auf einmal!“
- „Carpe diem“ heißt „Nutze den Tag“ und meint die volle Aufmerksamkeit für das „Hier und Jetzt“. Es bedeutet auch „Genieße den Tag!“, damit man nicht für sich selbst und andere „ungenießbar“ wird!

Meine Diamanten

Ich halte folgende drei Punkte fest, die mir zum *Prinzip der Achtsamkeit* besonders wichtig sind:

1. --

2. --

3. --

Prinzip der Lebenswerte

SINN DES LEBENS

Ein Philosophieprofessor stand vor seinen Studenten und hatte ein paar Dinge vor sich liegen …

… als der Unterricht begann, nahm er ein großes leeres Mayonnaiseglas und füllte es bis zum Rand mit großen Steinen. Anschließend fragte er seine Studenten, ob das Glas voll sei. Sie stimmten ihm zu. Der Professor nahm eine Schachtel mit Kieselsteinen, schüttete sie in das Glas und schüttelte es leicht. Die Kieselsteine rollten natürlich in die Zwischenräume der größeren Steine. Dann fragte er die Studenten erneut, ob das Glas jetzt voll sei. Sie stimmten wieder zu und lachten. Der Professor seinerseits nahm eine Schachtel mit Sand und schüttete ihn in das Glas. Jetzt füllte der Sand die letzten Zwischenräume im Glas aus.

„Nun", sagte der Professor zu seinen Studenten, „ich möchte, dass Sie erkennen, dass dieses Glas wie Ihr Leben ist! Die Steine sind die wichtigen Dinge im Leben: *Ihre Familie, Ihr Partner, Ihre Gesundheit, Ihre Kinder,* Dinge, die – wenn alles andere wegfiele und nur diese übrig blieben – ihr Leben immer noch erfüllen würden. Die Kieselsteine sind andere, weniger wichtige Dinge, wie zum Beispiel *Ihre Arbeit, Ihre Wohnung, Ihr Haus oder Ihr Auto.* Der Sand symbolisiert *die ganz kleinen Dinge im Leben.*

Wenn Sie den Sand zuerst in das Glas füllen, bleibt kein Raum für die Kieselsteine oder die großen Steine. So ist es auch in Ihrem Leben: Wenn Sie all Ihre Energie für die kleinen Dinge in Ihrem Leben aufwenden, haben Sie für die großen keine mehr übrig. Achten Sie daher auf die wichtigen Dinge; nehmen Sie sich Zeit für Ihre Kinder oder Ihren Partner; achten Sie auf Ihre Gesundheit. Es wird noch genug Zeit geben für Arbeit, Haushalt, Partys usw. Achten Sie zuerst auf die großen Steine – sie sind es, die wirklich zählen. Der Rest ist nur Sand."

Nach dem Unterricht nahm einer der Studenten das Glas mit den großen Steinen, den Kieselsteinen und dem Sand – bei dem mittlerweile sogar der Professor zustimmte, dass es voll war – und schüttete ein Glas Bier hinein. Das Bier füllte den noch verbliebenen Raum im Glas aus, dann war es wirklich voll. Die Moral von der Geschichte: Egal, wie erfüllt Ihr Leben ist, es ist immer noch Platz für ein Bier.

Verfasser unbekannt

> *Es kommt die Zeit, wo man seinen Kindern erklären muss, warum sie auf der Welt sind, und es ist etwas Wunderbares, wenn man den Grund dann weiß.*
>
> ***Hazel Scott***

Lebenswerte sind Leitlinien unserer Gedanken. Sie setzen die Segel in die gewünschte Lebensrichtung und „im richtigem Fahrtwind" halten sie uns auf Kurs. Werte sind abhängig von unserer jeweiligen Prägung und Kultur. Wir definieren also, was für uns einen Wert besitzt; was wert-voll oder was wert-los ist. Lebenswerte stehen für Orientierung und Sinngebung. Bischof Karl Lehmann definiert den Begriff „Werte" folgendermaßen: „Werte sind Leitlinien zur Orientierung des Menschen, die Handlungsziele vorgeben und für die Sinnbildung bedeutsam sind. Sie haben eine Führungsrolle im menschlichen Tun und Lassen inne, wo immer Menschen etwas wünschen oder ‚wichtig' finden, als Personen Stellung nehmen und Urteile aussprechen. Solche Werte müssen den Trägern keineswegs voll bewusst sein. Sie können in soziale Gewohnheiten, ‚Normen' und kulturelle ‚Selbstverständlichkeiten' eingelagert sein; sie können sich aber auch in ‚Idealen' und in Entwürfen einer individuellen und gesellschaftlichen Ethik niederschlagen. Werte sind in komplexer Weise auf ‚Bedürfnisse' hin orientiert."

Werte beschreiben das, was wir für richtig oder falsch, gut oder schlecht, fair oder unfair halten. Sie beeinflussen den Prozess des Bewertens, Interpretierens und der Meinungsbildung, indem wir abwägen, ausloten, urteilen und zuordnen. Die jeweilige Auseinandersetzung mit den Werten hängt davon ab, ob und wie wir uns verhalten oder entscheiden. Gewöhnlich „bewerten" wir pauschal mit folgenden ausgewählten Formulierungen und Worten:

- „Das gefällt mir sehr gut."
- „Das genügt mir nicht."
- „Das ist aber schön."
- „Das ist doch nur billiger Ramsch."
- „Das ist ja voll daneben."
- „Das ist mir die Sache nicht wert."
- „Das ist mir gleichgültig oder egal."
- „Das ist mir sehr wichtig."
- „Das ist sehr wertvoll."
- „Das mag ich gar nicht."
- „Das schmeckt mir aber."
- „Das tut mir gut."
- „Jetzt ist es aber zu viel! Es reicht!"
- „Nein, das passt mir nicht."

Hinter diesen eher unkonkreten Formulierungen oder Aussagen stehen bestimmte Wertekategorien und Lebensbereiche, die hier – ohne Anspruch auf Vollständigkeit – dargestellt sind:

- Ästhetische Werte (Schönheit, Kunst, Sinne);
- Biologische Werte (Natur, ökologisches Gleichgewicht, Arterhaltung);
- Juristische Werte (Recht, Strafe, Schuld);
- Kulturelle Werte (Tradition, Sitten, Gebräuche);
- Künstlerische Werte (Kreativität, Fantasie, Ausdruck);
- Materielle Werte (Haus, Auto, Wohlstand);
- Moralische Werte (Ehrlichkeit, Treue, Verantwortung);
- Ökonomische Werte (Produkte, Kapital, Leistungen);
- Pädagogische Werte (Vorbild, Toleranz, Ordnung);
- Philosophische Werte (Erkenntnis, Weisheit, Wahrheit);
- Politische Werte (Solidarität, Freiheit, Gleichheit);
- Psychologische Werte (Selbstvertrauen, Ausgeglichenheit, Lebensfreude);
- Religiöse Werte (Nächstenliebe, Gottesfurcht, 10 Gebote).

Lebenswerte sind keine absoluten, für alle Menschen in derselben Weise gültige und unveränderliche Größen; sie ändern sich von Mensch zu Mensch, von Kultur zu Kultur und von Situation zu Situation – das ganze Leben lang. *„Erziehung ist Vorbild und Liebe – sonst nichts!“*, sagte Pestalozzi treffend und richtig. Doch verlangt Vorbild nach Standort, Identität und Wesen. Welchen pädagogischen Standort, liebe/r LeserIn, haben Sie, welche persönlichen Werte stehen dahinter, und welche davon wollen Sie in Ihrer pädagogischen Arbeit vermitteln?

Meine Anfang 2004 durchgeführte Untersuchung in 274 Kindergärten im norddeutschen Raum ergab zu den Fragen nach den Lebenswerten ein eher bedrückendes Ergebnis: Über 80 Prozent der Befragten konnten keine klare Antwort geben. Dies gibt meiner Überzeugung nach insbesondere die Situation unserer Gesellschaft wieder: die Situation der Werteverunsicherung oder sogar des Werteverfalls. Hier zeigt sich, dass der Mangel an klaren Wertvorstellungen, an Lebensprinzipien und Visionen den Umgang mit anderen und vor allem mit sich selbst erschwert, wenn nicht gar eine Vorbildwirkung (insbesondere den Kindern gegenüber) verhindert. Wir verlieren zunehmend den Sinn für das Tun und die Sinnhaftigkeit im Tun in unserer komplexer werdenden (Um-)Welt.

Was sind nun Ihre persönlichen Überzeugungen vom Leben bzw. über das Leben? Im Folgenden gebe ich Ihnen Impulse für das persönliche Herausfinden Ihrer Wertvorstellungen, die Sie leichter zu Ihren Zielen führen. Gehen Sie die Beispiele durch, und verbinden Sie diese mit Ihrem Lebensalltag anhand konkreter Sachverhalte im Beruf und in der Privatsphäre:

Die hier vorgestellte Übersicht über mögliche Wertvorstellungen – sicherlich nicht vollständig und erschöpfend – gibt Ihnen die Möglichkeit, den roten Faden Ihres Lebens, Ihres Arbeits- und Lebensverständnisses herauszukristallisieren. Sie müssen sich also erst Ihrer Werte bewusst sein, bevor Sie einen Plan für Ihr Leben und für Ihre Lebensgestaltung erstellen können. Und Sie müssen Ihre Werte fortgesetzt durch Ihr Handeln und Verhalten demonstrieren; Beteuerungen und schöne Worte reichen nicht aus.

- 0 Abenteuer
- 0 Aberglaube
- 0 Achtung der Menschenwürde
- 0 Anerkennung
- 0 Arbeit
- 0 Ästhetik
- 0 Aufrichtigkeit
- 0 Ausgeglichenheit
- 0 Autarkie
- 0 Autonomie
- 0 Autoritäres Verhalten
- 0 Autorität
- 0 Begeisterung
- 0 Behaglichkeit
- 0 Bescheidenheit
- 0 Beziehungen
- 0 Bildung
- 0 Charisma
- 0 Dankbarkeit
- 0 Demokratie
- 0 Der Beste sein
- 0 Distanz
- 0 Disziplin
- 0 Ebenbürtigkeit
- 0 Effektivität
- 0 Effizienz
- 0 Egoismus
- 0 Ehre
- 0 Ehrlichkeit
- 0 Einfluss auf andere
- 0 Einsamkeit
- 0 Entschlossenheit
- 0 Exzellenz
- 0 Fairness
- 0 Familie
- 0 Finanzieller Gewinn
- 0 Fitness
- 0 Fleiß
- 0 Flexibilität
- 0 Freiheit
- 0 Freundlichkeit
- 0 Freundschaften
- 0 Frieden
- 0 Führung
- 0 Geborgenheit
- 0 Gelassenheit
- 0 Geld
- 0 Gemeinschaft
- 0 Genauigkeit
- 0 Genuss
- 0 Gerechtigkeit
- 0 Geselligkeit
- 0 Gesundheit
- 0 Gleichheit
- 0 Harmonie
- 0 Heiterkeit
- 0 Herausforderung
- 0 Herkunft
- 0 Hilfsbereitschaft
- 0 Hingabe
- 0 Höflichkeit
- 0 Identität
- 0 Individualität
- 0 Initiative
- 0 Integrität
- 0 Identität
- 0 Individualität
- 0 Interessensausgleich
- 0 Intuition
- 0 Karriere
- 0 Kompetenz
- 0 Konfrontation
- 0 Kontaktfähigkeit
- 0 Kontrolle
- 0 Konzentration
- 0 Kooperation
- 0 Kreativität
- 0 Kultur
- 0 Kunst
- 0 Lebensfreude
- 0 Lebenskraft
- 0 Leistung
- 0 Liebe
- 0 Loyalität
- 0 Macht
- 0 Marktposition
- 0 Mitgefühl
- 0 Mitverantwortung
- 0 Motivation
- 0 Mut
- 0 Natürlichkeit
- 0 Naturverbundenheit
- 0 Objektivität
- 0 Optimismus
- 0 Ordnung
- 0 Patriotismus
- 0 Perfektionismus
- 0 Persönlichkeit
- 0 Professionalität
- 0 Provokation
- 0 Pünktlichkeit
- 0 Reichtum
- 0 Reinheit
- 0 Religion
- 0 Respekt
- 0 Ruf
- 0 Ruhm
- 0 Sachkenntnis
- 0 Schnelligkeit
- 0 Selbstachtung
- 0 Selbstständigkeit
- 0 Selbstbehauptung
- 0 Selbstbewusstsein
- 0 Sicherheit
- 0 Solidarität
- 0 Sparsamkeit
- 0 Spaß
- 0 Spiritualität
- 0 Stärke
- 0 Status
- 0 Toleranz
- 0 Treue
- 0 Umweltbewusstsein
- 0 Verantwortung
- 0 Verständnis
- 0 Vertauen
- 0 Wachstum
- 0 Wahrhaftigkeit
- 0 Wahrheit
- 0 Weisheit
- 0 Wettbewerb
- 0 Willenskraft
- 0 Wissen
- 0 Zärtlichkeit
- 0 Zielbewusstsein
- 0 Zufriedenheit
- 0 Zurückhaltung
- 0 Zuverlässigkeit

10 Übungen zur Entwicklung der persönlichen Strategie: Bewusst machen – Standort bestimmen – verändern

1. Notieren Sie sich, was Ihr Leben lebenswert macht!
2. Lesen Sie die obige Aufstellung durch, und kreuzen Sie die Werte an, die Ihnen wichtig sind. Schreiben Sie die Ergebnisse auf.
3. Entscheiden Sie sich nun für fünf zentrale Werte, auf die es Ihnen im Leben ankommt:

   Wert 1:

   Wert 2:

   Wert 3:

   Wert 4:

   Wert 5:
4. Stehen diese Werte im Einklang mit Ihrem praktischen Handeln und Verhalten?
5. Welche pädagogischen Werte hat Ihr Kindergarten?
6. Wie lautet das Leitbild Ihres Kindergartens? Deckt sich dieses Leitbild mit Ihren persönlichen Werten?
7. Welche Lebensprinzipien haben Sie?
8. Sind Sie Ihrem Umfeld, den Kindern gegenüber ein Vorbild?
9. „Mein Kind bekommt eine ordentliche Erziehung!" Kennen Sie diesen Satz aus Ihrer Kindergarten-Praxis? Welche Werte verbinden Eltern mit dieser Aussage, und wie würden Sie darauf antworten?
10. Werte beeinflussen unser Verhalten, wie wir uns privat und beruflich einrichten, uns kleiden, welche Produkte wir kaufen ... Welche Werte stehen hinter Ihren Entscheidungen?

Das hilft Ihnen: 10 Empfehlungen für das Prinzip der Lebenswerte

1. Es gibt keinen wirklichen Erfolg, wenn man nicht seinen wichtigsten Werten treu bleibt. Prüfen Sie daher immer wieder von Neuem, ob Ihre Werte mit Ihrem aktuellen Verhalten übereinstimmen.

2. Wenn Sie Ihre Wertehierarchie kennen, werden Sie auch verstehen, warum Sie das tun, was Sie tun. Die konkrete Antwort auf die zentrale Frage „Warum" ist viel wichtiger als die Antwort auf das „Wie", denn wenn das „Warum" klar beantwortet werden kann, wird Ihr Verhalten oder Handeln immer eine Antwort auf das „Wie" finden.

3. Betrachten Sie nochmals Ihre erarbeiteten fünf zentralen Werte und die Frage „Was muss geschehen, damit ich weiß, dass meine Werte erfüllt werden?" Dabei helfen Ihnen Ihre Erfahrungen bei der Umsetzung Ihrer Wertvorstellungen. Auf diese Weise machen Sie sich die Phasen gelungenen Verhaltens für das gegenwärtige Leben bewusst und so entwickeln Sie Ihre zentralen Strategien der Motivation, also die Beweggründe für Ihr Handeln.

4. Machen Sie sich mit den Lebenswerten fremder Kulturen vertraut, z. B. mit der indianischen oder fernöstlichen Lebensweise. Sie gewinnen dadurch völlig neue Einblicke in andere Denk- und Verhaltensweisen und wichtige Impulse für alternative Lebensweisen, die Sie in Ihrer persönlichen und beruflichen Entwicklung voranbringen werden.

5. Wenn es Ihnen Schwierigkeiten bereitet, Ihre fünf zentralen Lebenswerte zu finden, hilft Ihnen vielleicht die Vervollständigung der folgenden Sätze dabei:
   Ich möchte in einer Weit leben, die voll ist von:
   Ich möchte folgende Dinge tun und an andere weitergeben:

6. Handeln Sie nach folgenden vier Grundprinzipien: 1.) andere so zu behandeln, wie Sie selbst behandelt werden möchten; 2.) alles zu unterlassen, was schädigt; 3.) die Autonomie und Ziele anderer Personen zu respektieren; 4.) das Wohlergehen anderer zu fördern.

7. Zwei Beispiele für mögliche Hintergründe unseres Kaufverhaltens: a) Das Produkt Lippenstift steht möglicherweise für ästhetische oder emotionale Bedürfnisse und Werte: Schönheit, Leidenschaft, Erotik, Beachtung, Anerkennung usw.; b) Das Produkt Mercedes steht möglicherweise für materielle, ökonomische oder psychologische Werte: Status, Anerkennung, Sicherheit, Perfektion, Qualität, Leistung usw.

8. Anspruch und Wirklichkeit am Beispiel der Wertehaltung: Welche Werte waren Ihnen bei der Wahl des Berufs und des Kindergartens wichtig? Decken sich Ihre damaligen Motive mit Ihren heutigen Vorstellungen? Auf diese Weise finden Sie die Gesichtspunkte heraus, die Sie, die uns alle verändern.

9. Wenn Sie Sachverhalte oder Personen beurteilen oder bewerten, machen Sie sich das so konkret wie möglich klar, zum Beispiel: „Diese Person ist mir sehr unsympathisch!" Machen Sie sich bewusst, warum dies so ist. Ihnen wird in vielen Fällen deutlich, dass zunächst „zwei Werteverständnisse" aneinandergeraten. Das kann sich aber letztlich positiv auflösen, weil gegensätzliche Positionen meist bereichernd sind.

10. Stellen Sie sich bei Ihrem Tun und Beurteilen immer die Frage: „Was ist es mir wert?" Beantworten Sie diese Frage ehrlich und aufrichtig, und haben Sie dabei immer im Sinn, dass das, was Sie tun oder lassen, immer einen Preis hat: Sind Sie bereit, diesen Preis zu bezahlen bzw. die möglichen Konsequenzen zu tragen?

Zusammenfassung

- Werte sind Glaubenssätze in Bezug auf richtig, falsch, gut und schlecht.
- Ein Wert ist die Vorstellung von etwas, das begehrt, erstrebt, respektiert, bewundert oder verehrt wird und innerhalb eines sozialen Systems (Familie, Gesellschaft, Kulturkreis) allgemeine Anerkennung erlangt hat.
- Jeder Mensch benötigt Werte, um sich auf etwas zubewegen zu können.
- Das Gefühl von Ausgeglichenheit, Stimmigkeit und Zufriedenheit beruht auf der Übereinstimmung zwischen unserem aktuellen Verhalten und unseren Werten.
- Grundsätzlich unterscheiden wir zwischen immateriellen Werten (z. B. Religion, Moral, Psychologie) und materiellen Werten (z. B. Sachwerte, Ökonomie).
- Unsere Werte bestimmen – bewusst oder unbewusst -, wie wir agieren und reagieren.
- Unsere Werte verändern sich im Laufe unseres Lebens, gemeinsam mit unseren neu erworbenen Erkenntnissen und mit unserem Selbstbild.
- Werte beeinflussen unser Leben: Von ihnen hängt es ab, wie wir unsere Kinder erziehen, wie wir mit unseren Freunden kommunizieren, welchen Wagen wir fahren, wie wir mit unseren KollegInnen, Eltern usw. umgehen, womit wir unseren Lebensunterhalt verdienen, welche Politik wir unterstützen .
- Urteil, Orientierung und Sinn basieren auf Lebenswerten. Werte sind in komplexer Weise auf Bedürfnisse und Wünsche hin zentriert.

- Das Handeln beruht auf unserem jeweiligen Werteverständnis und für diese Werte tragen wir die Verantwortung, das heißt, die Verantwortung ist gekoppelt mit dem „Preis", den wir für unser Handeln zu zahlen bereit sind. Stehen zum Beispiel die Werte Besitz, Eigentum, Status, Ökonomie im Vordergrund und folgt daraus ein überdurchschnittlicher Arbeitseinsatz, der nicht selten das Wochenende einbezieht, dann darf schon aus Verantwortung sich selbst gegenüber nicht ausgeschlossen werden, dass das Familienleben oder gar die Gesundheit darunter leidet. Wie sagte Winston Churchill noch? „Der Preis der Größe ist Verantwortung."

Meine Diamanten

Ich halte folgende drei Punkte fest, die mir zum *Prinzip der Lebenswerte* besonders wichtig sind:

1. --

2. --

3. --

Prinzip der Vision und Ziele

Begeisterungsfähigkeit

Wenn du begeisterungsfähig bist,
kannst du alles schaffen.

Begeisterung ist die Hefe,
die deine Hoffnungen himmelwärts treibt.

Begeisterung ist das Blitzen in deinen Augen,
der Schwung deines Schrittes,
der Griff deiner Hand,
die unwiderstehliche Willenskraft und Energie
zur Ausführung deiner Ideen.

Begeisterte sind Kämpfer.
Sie haben Seelenkräfte.
Sie besitzen Standfestigkeit

Begeisterung ist die Grundlage allen Fortschritts.
Mit ihr gelingen Leistungen,
ohne sie höchstens Ausreden.

Henry Ford

„Wenn das Leben keine Vision hat, nach der man strebt, nach der man sich sehnt, die man verwirklichen möchte, dann gibt es auch kein Motiv, sich anzustrengen."

Erich Fromm

Die Saat der persönlichen und unternehmerischen Vision entstammt aus den Werten. Die Kraft der Vision: Das ist das „Beseeltsein" von einer Idee; das „Beseeltsein" von einer tiefen inneren Überzeugung und von einem Traum. Vision ist fester Glaube, ein tief im Herzen eines Menschen oder eines Systems verwurzeltes Ziel, das verwirklicht werden will. Vision verstehen wir als übergeordnetes Ziel, das für den Menschen, für das System (Unternehmen, Kindergarten) der Treibstoff ist für gezieltes Handeln – der „Ursprung der Motivation". Vision ist untrennbar mit Begeisterung, Leidenschaft, Vorstellungskraft, Traum und Überzeugungskraft verbunden. Aus ihr leiten sich Ziele, die Schritte zur Verwirklichung dessen ab. Antoine de Saint-Exupéry fasst die Faszination der Vision und die Ableitungen davon so zusammen: „Willst du ein Schiff bauen, so rufe nicht Menschen zusammen, um Pläne zu machen, Arbeit zu verteilen, Werkzeug zu holen und Holz zu schlagen, sondern lehre ihnen die Sehnsucht nach dem endlosen Meer. Dann bauen sie das Schiff von allein."

Die Vision gibt ein großes Ziel vor; doch sie beschreibt nicht den Weg, der dorthin führt; jedem Einzelnen oder jedem Team bleibt es selbst überlassen, die Schritte zum Ziel einzuleiten. Die Vision ist deshalb so stark, weil sie das Herz des Menschen anspricht und seinem Handeln einen höheren Sinn gibt, so wie es Victor Hugo nicht besser hätte zum Ausdruck bringen können: *„Nichts auf der Weft ist so mächtig, wie eine Idee, die gekommen ist."* Die Vision weckt Lebensfreude, Leidenschaft und Begeisterung; sie macht euphorisch und erzeugt kraftvolles Handeln individuell und in der Gruppe; aus dem wiederum Synergien hervorgehen können. Die Vision fördert und intensiviert:

- Entdeckergeist;
- Heiterkeit;
- Initiative;
- Kooperations- und Teamfähigkeit;
- Kreativität;

- Lust am Tun;
- Neugierde;
- Optimismus;
- Fantasie;
- Selbstbewusstsein;
- Selbstvertrauen;
- Unbefangenheit;
- Zuversicht und vieles mehr.

Fünf Voraussetzungen für die Entwicklung von Visionen müssen erfüllt werden:

1. Die Vision ist auf die Zukunft fokussiert und gibt die Richtung für die Zukunft vor.
2. Sie ist ehrgeizig.
3. Sie formuliert einen Nutzen.
4. Sie ist einfach formuliert und leicht verständlich.
5. Sie wirkt motivierend.

Auf den Punkt gebracht heißt Vision: *„Denke den Himmel, fühle die Erde, lebe die Weft!"* Folgende fünf – sicherlich auch Ihnen bekannte – Visionen aus der Vergangenheit verdeutlichen die Kraft, die Begeisterung und Lebensfreude, die sie ausgelöst haben und noch auslösen können:

- „I have a dream!", die berühmte Rede von Martin Luther King.
- „Ein Computer auf jeden Schreibtisch und in jedem Haushalt!", der Anspruch von Bill Gates.
- „Was zusammenwächst, gehört zusammen!", die unvergessene kraftvolle Aussage von Willy Brandt.

- „If you can dream, you can get it!", der erfüllte Traum von Walt Disney.
- „Wir sind das Volk!", löste Begeisterungsstürme, Jubel, Freudentränen u. v. m. aus.

Als praktisches Beispiel für eine übergeordnete Unternehmensphilosophie eignen sich die Vision, Mission und zusammengefassten Werte des Touristik- und Dienstleistungskonzerns TUI, die insbesondere grafisch durch das Firmenlogo und die Farbzusammenstellungen (Blau, Rot) sehr gelungen sind. Vermehrt werden Anglizismen übernommen, ein festgefügter Teil unserer Realität, sodass sich die Botschaft von TUI original darstellt:

Vision: „World of TUI is the most beautiful time of the year!"

Mission: „Putting a smile on people's faces!"

Werte: „Opening doors. Going beyond. Enjoying life!"

Übersetzt bedeutet es in etwa: Das Unternehmen wird bewusst mit der schönsten Zeit des Jahres in Verbindung gebracht und setzt den Menschen sofort ein Lächeln auf (vgl. das Logo). Das ist ein (freches) Versprechen, das beim Kunden Optimismus auslösen soll, ja, für den TUI-Urlaub stimulieren und elektrisieren soll; es soll der Eindruck von Engagement und Verantwortung vermittelt werden: offene Türen, gemeinsam durchstarten und dies mit Lebensfreude!

Welche Vision, welche Mission und welche Werte kann das Unternehmen „Kindergarten" repräsentieren? Hilfreich ist hierbei das Heranziehen Ihrer Kindergarten-Konzeption, in der zumindest im Rahmen des Leitbildes zukunftsgerichtete, handlungsorientierende und -motivierende Zielsetzungen formuliert sein sollten, die alle, also das gesamte Team, in den Prozess der gegenwärtigen und künftigen elementarpädagogischen Praxis einbezieht. Ziel und Sinn müssen sein: *„Wir haben eine Perspektive, für die es sich einzusetzen lohnt!"*

Wie könnten wir die oben ausführlich dargestellte Bedeutung von Vision auf Ihre aktuelle Kindergarten-Praxis übertragen? Wichtig ist bei der Formulierung des übergeordneten Ziels, dass alle Kräfte des Unternehmens Kindergarten daran mitwirken und die einmal festgelegte Philosophie gemeinsam nach innen und außen vertreten. Genau an diesem Punkt hakt es in der Praxis häufig: Viele Kindergärten, selbst unter kirchlicher Trägerschaft bei der die Wertefrage leichter zu beantworten wäre, sind intern und extern (Eltern, Träger) uneins über das elementarpädagogische Konzept, von der sich ja letztlich die Wertvorstellungen, die Vision und Zielsetzungen ableiten lassen. Daraus folgt eine „Achterbahnfahrt" in der Gruppenarbeit mit der Tendenz: Jede/r macht das, was er/sie für richtig hält und dies so gut wie möglich – nur keine/r weiß genau, was dabei insgesamt für den Kindergarten, die Eltern, die Öffentlichkeit und vor allem für die Kinder herauskommen soll. Vor diesem Hintergrund der visions- und konzeptlosen Herangehensweise sind Konflikte im Team programmiert, und es darf hinzugefügt werden, dass Situationen solcher Art in der Regel ein Führungsproblem darstellen. Dies hat sich in meiner Supervisionspraxis immer wieder in den Momenten gezeigt, in denen eine Supervision letztlich Führungsdefizite ausgleichen sollte. In solchen Fällen muss ein Missverständnis vorgelegen haben bzw. vorliegen.

Kommen wir nochmals zurück auf unsere obigen Beispiele und unternehmen gemeinsam den Versuch, die Grundsätze der Vision auf die Ansprüche eines Kindergartens zu übertragen. Wie könnte also eine Vision in der pädagogischen Arbeit aussehen? Eine „ewige *Vision*" ist das von Maria Montessori auf einen zentralen Satz zusammengefasste pädagogische Konzept *„Hilf mir, es selbst zu tun!"* Die *Mission* ist nicht anderes als *Ermutigung, Mut, erschließendes Lernen und Entdeckergeist* und die *Werte* sind u. a. *(Selbst-) Verantwortung, Partizipation (Teilhabe), Solidarität, Liebe, Freude.* Ein weiteres Beispiel wäre *die Vision „Vom Kinde aus – mit und durch uns!"* mit der darausfolgenden Mission, dass die Kindergarten-Einrichtung *kindgerecht bedürfniszentriert (z. B. Situationsansatz),* *partnerschaftlich* wirkt vor dem Hintergrund der Werte Achtung der *„Kindeswürde", Akzeptanz, Verantwortung, Solidarität, Partnerschaftlichkeit, Fantasie, Neugierde, Liebe und Lebensfreude.*

Von den Visionen und Werten leiten sich die Zielsetzungen ab. Es nützt nichts, wenn Sie zwar Ihre Segel gesetzt haben, aber nicht genau überlegen und planen, in welche Richtung Sie segeln bzw. wie Sie ans Ziel kommen. Haben Sie sich zum Beispiel für die berufliche Karriere oder für eine Weltreise als großes Ziel entschieden, müssen Sie wissen, welchen Kurs Sie einschlagen wollen. Sie haben den Kompass und das Ruder in der Hand und bestimmen die Zielrichtung mit einem auf Ihren Potenzialen und Ressourcen hin abgestimmten Plan. Sie realisieren die Schritte durch konsequentes Handeln, das auch Fehler nicht ausschließt, wobei Sie in den meisten Fällen nicht immer punktgenau den Hafen einlaufen, den Sie sich vorgestellt haben. In diesem Prozess werden Sie erkennen, dass der Weg das Ziel ist. *„Wenn du nicht weißt, wohin du willst, dann musst du dich nicht wundern, wenn du woanders ankommst"*, sagte einmal trefflich Robert Mager (amerikanischer Psychologe).

Entwickeln Sie Ihre Bereitschaft, etwas Besonderes zu bewegen und zu schaffen. Finden Sie Ihren Lebenszweck heraus, etwas, für dessen Verwirklichung es sich lohnt, Zeit und Energie zu investieren. Beantworten Sie dabei für sich folgende zentrale Fragen:

- Wie soll mein Leben in fünf oder zehn Jahren aussehen?
- Was will ich wirklich?
- Welche Schritte sind zu tun, um das, was ich will, auch zu erreichen?
- In welchem Zeitraum oder zu welchem Zeitpunkt will ich meine Ziele erreicht haben?
- Setze ich Prioritäten?
- Welche möglichen Fehler oder Unwägbarkeiten muss ich bedenken, und wie gehe ich mental damit um?

Machen Sie sich daran, ein Lebensziel, eine große Vorstellung, die Sie verwirklichen möchten, zu entwickeln, und stellen Sie eine Liste mit Ihren persönlichen und beruflichen Zielen auf: *„Ein Ziel nicht zu erreichen, ist nicht schlimm. Schlimmer ist es, keine Ziele zu haben"* (Nikolaus Enkelmann). Gehen Sie dabei konsequent nach folgenden Grundsätzen vor:

- Ziele müssen schriftlich festgelegt werden; nur so sind sie konkret nachprüfbar und veränderbar.
- Ziele müssen aktiv formuliert sein, motivieren und herausfordern.
- Ziele müssen konkret sein, das heißt, dass Sie Ihre vorgesehenen Schritte mit einem Zeitplan kombinieren und kurz-, mittel- und langfristige Ziele unterscheiden.
- Ziele müssen nachvollziehbar, glaubhaft und erreichbar sein.

Es nützt Ihnen nichts, wenn Sie noch in Ihren Träumen verharren und Ihre Füße fest in den Wolken verankert sind. Leben Sie Ihre Vorstellungen und Träume – dies ist nur durch aktives Handeln oder Tun möglich.

Hierzu zählen klare Verhaltensweisen, nämlich:

- (Fehler-)Toleranz;
- Begeisterung;
- Beharrlichkeit;
- Durchsetzungskraft;
- Flexibilität;
- Freude;
- Konsequenz;

- Konzentration;
- Leidenschaft;
- Mut;
- positive Denkweise;
- Selbstdisziplin;
- Vertrauen;
- Wille;
- Zuversicht.

„Ein brennender Wunsch würde Sie zwingen, alle Ihre Talente einzusetzen, alle Ihre Möglichkeiten und Ihre Energie auszuschöpfen und diese auf einen schmalen Pfad auszurichten wie ein Lichtstrahl." Wunderbarer als mit diesen Worten von Walter Staples, einem amerikanischen Unternehmensberater, lässt sich die Bedeutung von einer Vision und von Zielen nicht beschreiben. Es ist das hervorragendste und geeignetste Instrument für erfolgreiches und sinnerfülltes Arbeiten für persönliche und berufliche Ziele bzw. für Systeme (z. B. Teams, Gruppen, Betriebe, Unternehmen). Die Kindergärten, die bereits gezielt ihre Konzeptionen entwickelt und realisiert haben, die nach Qualitätssicherungssystemen verfahren und die ihre Personalentwicklung (u. a. Weiterbildungsplan, Mitarbeitergespräche) konsequent und strukturiert umsetzen, arbeiten in den meisten Fällen erfolgreich mit Zielvereinbarungen; die Grundprinzipien dafür sind *Vertrauen, Transparenz, Verantwortung und Feedback.* Die Prinzipien sind aber auch das Maß jeder einzelnen Erzieherpersönlichkeit. Wird diese Vorbildfunktion nicht individuell erfüllt, wird davon auch das Team betroffen sein, und es hängt davon ab, inwieweit die damit zusammenhängenden Konflikte und Probleme angegangen und gelöst werden.

10 Übungen zur Entwicklung der persönlichen Strategie: Bewusst machen – Standort bestimmen – verändern

1. Welche grundsätzliche Idee, Lebens- bzw. berufliche Vorstellung treibt Sie persönlich an?
2. Welchen Traum haben Sie, den Sie im Laufe Ihres Lebens verwirklichen möchten?
3. Notieren Sie sich die einzelnen Schritte (Ziele), die Sie zur Verwirklichung Ihrer Lebensvorstellung bzw. Ihres Traums hinführen (beachten Sie hierzu die 10 Empfehlungen)!
4. Wie lautet Ihr Lebensmotto? Hilft Ihnen das Motto bei der Verwirklichung Ihrer Vision?
5. Welche Vision hat Ihr Kindergarten?
6. Nennen Sie fünf übergeordnete (zentrale) Zielsetzungen Ihres Kindergartens!

   Zielsetzung 1:

   Zielsetzung 2:

   Zielsetzung 3:

   Zielsetzung 4:

   Zielsetzung 5:
7. Arbeiten Sie in Ihrem Kindergarten anhand von Zielvereinbarungen? Was ließe sich an diesem Arbeitsinstrument verbessern, oder was könnten Sie tun, um es einzuführen?
8. Welche Zukunftsplanung besteht an Ihrer Kindergarteneinrichtung; werden die Entwicklungsziele kurz- und mittelfristig geplant, praktisch angegangen sowie regelmäßig überprüft?

9. Überlegen Sie sich, welche Personen Ihnen bei der Erreichung Ihrer Ziele behilflich sein könnten und welche Fähigkeiten, Kenntnisse, Erfahrungen, Informationen oder anderen Voraussetzungen dafür erforderlich sind. Bedenken Sie: „Wer allein arbeitet, addiert; wer zusammenarbeitet, multipliziert!"

10. Wie viel Kraft und Energie sind Sie willens, in die Erreichung Ihrer Ziele zu investieren? Sind Sie bereit, den Preis für Ihr Tun oder Lassen (denn etwas zu lassen ist auch eine Entscheidung!) zu bezahlen?

Das hilft Ihnen: 10 Empfehlungen für das Prinzip der Vision und Ziele

1. Machen Sie sich klar, was Sie wirklich wollen. Schreiben Sie Ihre Vorstellungen präzise auf, und gestalten Sie die einzelnen Punkte nach lang-, mittel- und kurzfristigen Zielen.

2. Achten Sie darauf, ob Ihre Ziele von anderen Personen abhängig sind. Sicherlich können Ihnen andere bei der Zielerreichung behilflich sein, doch nützt es Ihnen nichts, auf Ziele zu setzen, die vornehmlich von anderen abhängig sind und Sie darauf kaum oder gar keinen Einfluss haben.

3. Die Formulierung Ihrer Ziele, also die Sprache, die Sie wählen, ist für die Zielerreichung wichtig. Formulieren Sie positiv und in der Gegenwartsform: „Ich möchte gewinnen" hat eine andere Bedeutung als „Ich werde gewinnen!". Beantworten Sie spontan die Frage „Wollen Sie nicht verlieren, oder wollen Sie gewinnen?" Aus der Antwort wird sofort die positive Denkweise deutlich.

4. Schreiben Sie ihre Ziele so detailliert wie möglich auf, und hinterfragen Sie hierzu immer Ihre Motivation und Motive (vgl. hierzu das 3. Prinzip). Aus der Monatsplanung entsteht der Wochenplan, und davon werden die Tagestätigkeiten abgeleitet. Gemeint ist dabei nicht das Alltagsgeschäft, also Dinge, die immer wiederkehren, zur Routine gehören und selbstverständlich sind. Die schriftliche Auseinandersetzung mit Ihren Zielen benötigt weniger Zeit als Sie annehmen, dafür ist sie außerordentlich effektiv und effizient.

5. Gestalten Sie Ihre Ziele überprüfbar oder messbar. Es nützt nichts, wenn Sie sich vornehmen, in einem Jahr mehr Einkommen zu erzielen, wenn Sie nicht die Höhe festlegen und die Schritte zu diesem Ziel definieren.

6. Nehmen Sie sich jeden Abend 15 Minuten Zeit, und planen und analysieren Sie die Tage.

7. Schreiben macht Ihr Denken sichtbar! Das Aufschreiben erhöht die Wahrscheinlichkeit und Kraft für die Umsetzung der Ziele. Sie treffen eine schriftliche Vereinbarung mit sich selbst und dokumentieren – Tag für Tag –, dass Sie Ihre Ziele ernsthaft erreichen wollen.

8. Genießen Sie das Gefühl, die Fäden in Ihren Händen zu halten und Ihre Zukunft aktiv zu gestalten. Sie übernehmen Verantwortung für sich und andere und entwickeln daraus eine Souveränität, die nach innen und außen positiv abstrahlt und die es Ihnen wiederum leichter macht, Ihre Ziele tatsächlich zu erreichen.

9. Rechnen Sie mit unerwarteten Veränderungen und Fehlern, die passieren können, und akzeptieren Sie diese in dem Sinn, dass es Sie weiterbringt. Verstehen Sie es als Lernprozess. So bleiben Sie flexibel und den Dingen, die auf Sie zukommen, aufgeschlossen.

10. Stellen Sie sich Ihre Ziele vor Ihrem geistigen Auge vor wie den Gipfel eines Berges, den Sie ersteigen wollen. Seien Sie sich bewusst, dass es großer Anstrengung, Ausdauer und Beharrlichkeit bedarf, oben anzukommen!

Zusammenfassung

- Die Vision ist handlungs- und ergebnisorientiert. Dahinter steht immer ein Gewinn.
- Die Vision ist etwas Übergeordnetes, sie ist ein Leitziel oder das große Ziel, wofür sich der Einsatz von Kraft und Energie lohnt.
- Die Vision ist der „Motor der Motivation". Dahinter steht nichts anderes als positive Perspektive, Begeisterung, Lebensfreude, Zuversicht, Dynamik usw.
- Die Vision will etwas Besonderes, Außergewöhnliches schaffen, etwas, das in seiner Formulierung einfach ist und von jedem verstanden werden kann. Zwei Beispiele hierzu: Die Werbung von Toyota wirkt noch immer: „Nichts ist unmöglich!"; die originelle, wie „blöde" Vision vom Media Markt: „Ich bin doch nicht blöd!" hat eine bindende und auffordernde Kraft. Für die elementarpädagogische Arbeit hat das Zitat von Pestalozzi nach wie vor einen visionären Charakter – gerade in der heutigen Zeit: „Erziehung ist Vorbild und Liebe, sonst nichts!"
- Die Vision entspringt aus einem Traum, einer tiefen inneren Überzeugung oder aus einem festen Glauben heraus.
- Die Vision ist in die Zukunft gerichtet und ehrgeizig.
- Für die Erfüllung der Vision ist die Erstellung eines Zielplans erforderlich.
- Die Formulierung von lang-, mittel- und kurzfristigen Zielen ist die Voraussetzung für die konkrete Überprüfbarkeit,

wobei die formulierten Schritte messbar sein müssen: Zeitrahmen, verfügbare Mittel, quantitative und qualitative Angaben.

- Die Zielplanung ist nichts anderes als ein Aktionsinstrument für den Einzelnen oder für ein System (Gruppe, Team usw.); sie ist eine Vereinbarung mit sich selbst oder mit einem oder mehreren „Vertragspartnern". Dies erhöht die Verbindlichkeit, die Transparenz der Abläufe, die Nachprüfbarkeit sowie die Ernsthaftigkeit (Seriosität) und gibt vor allem ein Feedback für Geleistetes (oder Unterlassenes).

- Konfuzius hat die Bedeutung der Ziele prägnant zusammengefasst:

„Wer das Ziel kennt, kann entscheiden.
Wer entscheidet, findet Ruhe.
Wer Ruhe findet, ist sicher.
Wer sicher ist, kann überlegen.
Wer überlegt, kann verbessern."

Meine Diamanten

Ich halte folgende drei Punkte fest, die mir zum *Prinzip der Vision* und Ziele besonders wichtig sind:

1. --

2. --

3. --

Prinzip des positiven Denkens

Das Gute in einem Menschen zu sehen heißt nicht, seine schwierigen Seiten oder sein schädigendes Verhalten zu ignorieren. Doch wir können diese Aspekte uneingeschränkt zur Kenntnis nehmen und trotzdem beschließen, uns auf das Positive zu konzentrieren. Betrachten wir dann seine negativen Charakterzüge oder Verhaltensweisen, tun wir es als Freund. Und wenn zwei Freunde solche schwierigen Dinge betrachten, stehen sie dabei Seite an Seite.

Sharon Salzberg

Es gibt Menschen, so strahlend, so gütig, so Freude bringend, dass jeder unwillkürlich ihre Gegenwart als wohltuend empfindet. Wenn sie in ein Zimmer treten, so ist es gerade, wie wenn man eine Lampe hereingebracht hätte. Es ist die Wirkung reiner, großer, teilnahmsvoller und hilfsbereiter Gedanken, die in dem, der sie beständig hegt, bestimmte Eigenschaften hervorgebracht haben. Diese empfinden nun alle unwillkürlich, die mit ihm (ihnen) in Berührung kommen.

Ralph Waldo Trine

„Das Glück deines Lebens hängt von der Beschaffenheit deiner Gedanken ab."

Marc Aurel

Positives Denken ist eine bejahende Lebenseinstellung und optimistische Grundhaltung. Positives Denken ist das volle Vertrauen auf das, was geschieht – im Guten wie im Schlechten. Es ist die konstruktiv empfundene Übernahme von Verantwortung zur Lösung von Problemen. Ein optimistischer Mensch sieht sich vornehmlich als Teil der Lösung, nicht als Teil des Problems. Ausgangspunkt des positiven Denkens ist Akzeptanz sowie die Annahme des Verhaltens und der Verhältnisse – eine positiv angelegte Grundstimmung einer realistischen Sichtweise, die eine (selbst-) gestaltete Perspektive im Visier hat.

Der optimistische Mensch will vorankommen, will Fortschritt, Bewegung und produktive Entwicklung. Dahinter steht nichts anderes als der feste, unerschütterliche Glaube an das Gute im Menschen (im Menschsein), an das Gute in der Weit und im Leben. Dieser Glaube baut auf dem auf, was ist, und macht aus dem, was ist, das Beste. Der indische Arzt und Yoga-Lehrer Selvarajan Yesudian beschreibt in seinem Text „Der Glaube" diese fundamentale Grundhaltung wie folgt: „Glaube an alles, was du tust. Nur dem Menschen, der an sich glaubt, öffnen sich die Türen aller Weiten. Glaube ist gänzlicher Verlass auf den alles belebenden Geist. Wisse, dass du dieser Geist bist. Lass deine Taten von der Kraft des Geistes begleitet werden; sei es ein Gedanke, ein Wort oder eine Tat." Unsere Gedanken und unser Glaube sind entscheidend für Erfolg oder Misserfolg, Gewinn oder Niederlage, Tun oder Lassen, Schein oder Sein, Bewegung oder Stillstand, Achtsamkeit oder Nachlässigkeit, Gestern oder Morgen und zusammengefasst: für eine generell positive oder negative Sichtweise. So wie wir denken, so sind wir, und es liegt in unseren Gedanken oder besser in unserem Herzen, in welche Fahrtrichtung wir uns begeben.

„Optimisten weigern sich nicht, das Negative zur Kenntnis zu nehmen. Sie weigern sich lediglich, sich ihm zu unterwerfen", stellt Norman Vincent Peale treffend fest und meint damit das produktive Denken, den produktiven Glauben im Sinne des lösungsorientierten Handelns. Misserfolge, Niederlagen oder Fehler werden in diesem

Zusammenhang als Herausforderung, als Chance und sozusagen als Sensor für Veränderungen verstanden. Positives Denken ist daher nicht ein „Alles-wird-gut-Fatalismus" oder eine „Es-wird-schon-irgendwie-werden-Falle", sondern Zuversicht und durch Handeln motivierte Hoffnung, die selbst gesetzten Ziele zu erreichen. Positives Denken und optimistische Einstellung sind synonym zum folgenden Lebensverständnis:

- ☐ Anstrengung
- ☐ Beharrlichkeit
- ☐ Chance
- ☐ Disziplin
- ☐ Energie
- ☐ Entschlossenheit
- ☐ Charme
- ☐ Durchsetzungskraft
- ☐ Lebensbejahung
- ☐ Aufmerksamkeit
- ☐ Liebe
- ☐ Fortschritt
- ☐ Ergebnisorientierung
- ☐ Erwartung
- ☐ Fantasie
- ☐ Gelassenheit
- ☐ Glauben
- ☐ Heiterkeit
- ☐ Hoffnung
- ☐ Initiative
- ☐ Intrinsische Motivation
- ☐ Toleranz
- ☐ Überzeugungskraft
- ☐ Verantwortungsbewusstsein
- ☐ Zuversicht
- ☐ Selbstvertrauen
- ☐ Ausdauer
- ☐ Kreativität
- ☐ Freundlichkeit
- ☐ Veränderungswille
- ☐ Herausforderung
- ☐ Vertrauen
- ☐ Selbstbewusstsein
- ☐ Mut
- ☐ Zielstrebigkeit
- ☐ Begeisterung
- ☐ Zuverlässigkeit
- ☐ Lebensfreude

„Der einzige Mist, auf dem nichts wächst, ist der Pessimist", sagte einmal der damalige Bundespräsident Theodor Heuss, woraus sich typische Gedankenmuster, die Ihnen, liebe/r LeserIn, bekannt sein mögen, herausfiltrieren lassen:

- ☐ „Da bin ich mir nicht sicher."
- ☐ „Dafür bin ich zu jung/zu alt."
- ☐ „Dafür fehlt mir der Mut."
- ☐ „Dafür habe ich keine Zeit."
- ☐ „Damit komme ich nicht klar."
- ☐ „Das geht bestimmt schief!"
- ☐ „Das geht nicht!"
- ☐ „Das kann ich nicht!"
- ☐ „Das schaffe ich nicht!"
- ☐ „Das wird sowieso nichts!"
- ☐ „Ich bin mir nicht sicher."
- ☐ „Ich glaube, das wird nichts."
- ☐ „Ich traue mich nicht."
- ☐ „Ich traue der Situation nicht."
- ☐ „Ich versuche das, aber ..."
- ☐ „Ich weiß nicht, wie ..."
- ☐ „Ja schon, aber ..."
- ☐ „Wenn das mal gut geht."
- ☐ „Wenn das mal stimmt ..."

Die Gegenüberstellung von positiver, aufbauender Denkweise und negativer, pessimistischer Lebenseinstellung macht uns den Unterschied zwischen gewinnen oder nicht verlieren wollen, zwischen Fort- oder Rückschritt, zwischen Zuversicht oder Hoffnungslosigkeit, zwischen Alternative oder Ausweglosigkeit deutlich bewusst. Dahinter steht die klare Beantwortung der Frage nach der Ursache und der Wirkung. Eine pessimistische Haltung erzeugt Unsicherheit, Verunsicherung und sorgenvolle, ängstliche Gefühle. Eine optimistische Einstellung fördert die Übernahme von Verantwortung, den Mut etwas zu wagen und damit die Zuversicht, etwas leisten und schaffen zu können.

Für welches Bild entscheiden Sie sich, oder haben Sie sich bereits entschieden? Worauf kommt es an? Es kommt darauf an, für welche Gedanken Sie sich entscheiden und wie Sie sich mental auf unterschiedliche Lebenssituationen einstellen. Es kommt darauf an, sich klar zu machen, von wem oder was Sie sich beeinflussen lassen oder welche Einflüsse kommunikative Störungen, negative oder positive Gefühle bei Ihnen hervorrufen. Je intensiver Sie „Ursachenforschung" betreiben und in sich hineinhorchen, desto mehr wird Ihnen bewusst, welche Kraft Ihre Gedanken haben und Ihr Verhalten und Handeln beeinflusst. Jeder Mensch verfügt über die Fähigkeit, seine Gedankenwelt zu steuern und zu gestalten. Auch Sie können diesen inneren Prozess, den inneren Dialog beeinflussen und trainieren. Es kommt also auf die Klarheit Ihrer Gedanken und Vorstellungen an! Auf den Punkt gebracht: *Es kommt auf Ihre Einstellung an!* Hierfür habe ich Ihnen ja bereits im Abschnitt „Prinzip der Lebenswerte" nützliche, hilfreiche und wirksame Impulse gegeben.

Die Einstellung der ErzieherInnen in den Kindergärten zeigt sich in meiner langjährigen Beratungspraxis und in den Supervisionen zum überwiegenden Teil indifferent oberflächlich oder gar verantwortungslos. Konkret treffe ich immer wieder auf das Bild einer negativen personenbezogenen Haltung, unter der das gesamte Team erheblich leidet – gespeist von Missverständnissen, einseitigen Interpretationen und tief empfundenen Ohnmachtgefühlen: „Es hat ja gar keinen Zweck, auf die Leiterin oder auf meine Kollegin zuzugehen, weil ich ja sowieso auf Vorbehalte und Negativkritik stoße!" So oder ähnlich klingen Unmutsäußerungen, die eine Verletzung offenbaren, die sich mit dem Empfinden paart, zum Beispiel ungerecht behandelt worden zu sein. Dies kann eine unkoordinierte und als ungerecht empfundene Urlaubsplanung sein, vermisste Anerkennung für zusätzlich geleistetes Engagement, Delegation von zusätzlichen Aufgaben, die eigentlich anderen KollegInnen oder gar der Kindergarten-Leitung selbst hätten übertragen werden müssen sowie kritische Äußerungen über Fehlverhalten vonseiten der Leitung und des Teams, die nicht nachvollzogen und verstanden werden können (und wollen). Es handelt sich hierbei um ein „gefährliches Gemisch" aus Konkurrenzdenken, Verletztsein, Neidgefühlen, Ohnmacht, Überforderung und mangelnder kommunikativer Kompetenz, worunter die elementarpädagogische Arbeit mit den Kindern und im Team leiden muss. Das Denken und die Einstellung ist in diesen Prozessen vornehmlich auf das Problem, weniger auf eine konstruktive Lösung fokussiert. Das Problem kann dann nur extern, also durch einen Supervisor, angegangen werden. Zusammengefasst handelt es sich hierbei zumeist um ein Einstellungs- und Kommunikationsproblem!

10 Übungen zur Entwicklung der persönlichen Strategie: Bewusst machen – Standort bestimmen – verändern

1. Finden Sie heraus, ob Sie sich grundsätzlich als Teil von Problemen oder als Teil von Lösungen empfinden. Ziehen Sie für die Beantwortung dieser Fragen Beispiele aus der Teamarbeit im Kindergarten heran, und untersuchen Sie die Beschäftigung mit Problemen und mit Lösungen, z. B. unter dem Aspekt der Zeitintensität!

2. Sind Sie ein eher optimistisch oder ein eher pessimistisch eingestellter Mensch? Ist das Glas Ihrer Überzeugung nach halb voll oder halb leer? Begründen Sie Ihre Haltung!

3. Antworten Sie spontan, und begründen Sie Ihre Antwort: Arbeiten Sie, um zu leben, oder leben Sie, um zu arbeiten?
4. Wie lautet Ihre „Lebensformel", die Sie Ihrem Umfeld, den Kindern vermitteln möchten?
5. Ist Ihre „Lebensformel" positiv oder negativ begründet?
6. Stellen Sie die Probleme dar, die Sie in letzter Zeit beschäftigt haben. Für welche Lösungen haben Sie sich entschieden? Hätten Sie die Probleme auch anders lösen können?
7. Machen Sie sich bewusst, welche Gedanken Sie am Morgen nach dem Aufwachen beschäftigen. Worauf konzentrieren Sie sich?
8. Glauben Sie, dass Sie mehrere Aufgaben gleichzeitig und gleich gut lösen können? Führen Sie hierzu konkrete Beispiele an!
9. Welche positiven oder negativen Gedankenmuster, zum Beispiel: „Ich löse grundsätzlich Probleme!" oder „Ich kann das nicht!", haben Sie? Stellen Sie diese dar. Klären Sie jeweils die Gründe für negative Denkmuster bzw. wie Sie Ihre positive Grundeinstellung noch verstärken können.
10. Ist Ihre grundsätzliche Lebenseinstellung positiv oder negativ? Vertreten Sie Ihre Haltung als Vorbild für Ihr privates und berufliches Umfeld?

Das hilft Ihnen: 10 Empfehlungen für das Prinzip des positiven Denkens

1. Machen Sie sich bewusst, dass Sie nur einen Gedanken haben und sich nur ein Bild zurzeit vorstellen können! Auf diese Weise entwickeln Sie konzentriert die Lösung einer

Aufgabe. Danach kann die Lösung der nächsten Aufgabe erfolgen.

2. Es kommt auf Ihre Entschlossenheit, auf Ihre Entscheidung an! Sagen Sie „Ja!", wenn Sie etwas Unangenehmes tun müssen, denn mit einem „Nein!" bleibt die Sache unerledigt. Sagen Sie „Ja!", wenn Sie Ärger in Ihrem Team haben, denn ein „Nein!" macht Sie nur noch ärgerlicher und löst keine Probleme!

3. Glauben Sie fest daran, dass Sie können, was Sie sich vornehmen! Der Unterschied zwischen einem positiv denkenden und handelnden und einem negativ eingestellten Menschen ist weder ein Mangel an Stärke noch ein Mangel an Wissen, sondern es ist allein ein Mangel an Glauben, Willen, Disziplin und Vorstellungskraft!

4. Wenn Sie glauben, dass Sie etwas schaffen können oder nicht: Sie haben in jedem Fall recht! Sie befinden sich in Ihrer persönlichen Glaubensfalle! Verändern Sie Ihr Denken und halten Sie sich an die Grundeinstellung des irischen Schriftstellers George Bernard Shaw: „Manche Menschen sehen die Dinge, wie sie sind, und fragen: ‚Warum?' Ich sehe die Dinge, wie sie nie waren, und frage: ‚Warum nicht?'"

5. Machen Sie sich klar: Sie sind das Produkt Ihrer Gedanken! So wie Sie denken, so sind Sie und so verhalten Sie sich. Es liegt allein in Ihrer Hand, Ihre Gedanken in die von Ihnen gewünschte Richtung zu lenken.

6. Negative Gedanken und Emotionen binden Ihre Kräfte und Ihre Energie. Machen Sie sich immer wieder von Neuem bewusst, welche Gedanken sich in Ihnen konzentrieren und ob diese Sie und andere weiterbringen. Es genügt oft nur der Wechsel der Gedankenrichtung, um zwischenmenschliche oder sachliche Probleme schnell

und konstruktiv zu lösen. Wie sagte der Künstler Pacibia noch? „Der Kopf ist rund, damit das Denken die Richtung wechseln kann!"

7. Ändern Sie ab sofort Ihr Sprachmuster. Vermeiden Sie zum Beispiel: „Das ist unmöglich!" oder „Ich kann das nicht!", entwickeln Sie stattdessen aktive, positive Sätze wie: „Ich finde die Lösung!" oder „Ich mache gern die neue Erfahrung und gehe das Problem unvoreingenommen an!".

8. Glauben Sie an sich selbst! Vergessen Sie endlich die Vorstellung, dass Sie nur ein kleines Rädchen im Getriebe des Lebens seien, denn diese Einstellung dokumentiert mangelnde Selbstachtung und Eigenverantwortung.

9. Bei all dem, was Sie denken, sprechen und tun, achten Sie auf Authentizität, also darauf, dass sich Ihre Ziele mit Ihrem verbalen und nonverbalen Verhalten decken. Fehlende Übereinstimmung, also die Differenz zwischen Wollen und Handeln, erkennen Sie daran, dass ein Teil von Ihnen etwas will und sich ein anderer Teil widersetzt.

10. Lebensfreude und Zuversicht sind Kräfte, die synergetisch wirken, also neue positive Zugänge und Ergebnisse schaffen. Stellen Sie sich also vor, wie Sie Ihre positiven Gedanken, die Sie mit Sicherheit haben, verwirklichen, und fragen Sie sich: „Was kann mir schlimmstenfalls passieren?"

Zusammenfassung

- Das positive Denken ist eine grundsätzlich optimistische Grundhaltung und bejahende Lebenseinstellung.
- Positives Denken ist ergebnis- und lösungsorientiert. Es „arrangiert" sich mit den Verhältnissen und ordnet sich ihnen nicht unter.

- Der optimistische Mensch überantwortet Ereignisse und Verhalten nicht dem „Schicksal“, sondern handelt und verändert.
- Das Prinzip des positiven Denkens ist der Motor für ein achtsames, klares, auf Lebenswerten beruhendes und handlungsorientiertes Grundverständnis. Das wird an folgender Parabel deutlich: Zwei Frösche fielen eines Nachts in zwei Krüge flüssiger Sahne. Der eine Frosch hielt seine Lage für völlig aussichtslos und ergab sich seinem Schicksal – er ging unter. Der andere Frosch versuchte mit aller Kraft den Rand des Kruges zu erreichen und strampelte und strampelte. Er gab nicht auf. Nach einiger Zeit wurde sein Bemühen belohnt und er stand auf festem Grund: Die Sahne war zu Butter geworden!
- Optimisten verstehen Probleme oder Krisen als Chance und Herausforderung, ungelöste Situationen dagegen als Impulse für Handeln und Veränderung.
- Das positive Denken ist unmittelbar gekoppelt an den Erfolg, wobei das Ziel der Fokus ist für das konzentrierte Handeln und der Weg entscheidend für die Erfahrung und das Grundverständnis.
- Der Optimist analysiert, aber er grübelt nicht. Er schließt Gedankenvorgänge ab und entscheidet. Er führt zur Konzentration, zur Disziplin und zur Wiederholung, die zur Meisterschaft des Tuns führt.
- Das positive Denken impliziert vorbildliches Verhalten, erzeugt Integrität. Es reißt sozusagen das Umfeld mit und entwickelt ein „Wir“.
- Optimisten haben eine gesunde Fehlertoleranz. Das macht sie „menschlich“! Sie akzeptieren Fehlverhalten, aber wiederholen es nicht. Erst diese Toleranz ermöglicht

Veränderung und Entwicklung. Sie stimmen unvollkommenem Denken und Handeln zu und tendieren zur gesunden Perfektion und Konsequenz. Diese innere Qualität erzeugt äußere Qualität.

- Das Prinzip des positiven Denkens wird zusammengefasst mit den Worten und Einsichten des folgenden irischen Textes:

„Nimm dir Zeit, um nachzudenken; es ist die Quelle der Kraft. Nimm dir Zeit, um zu arbeiten; es ist der Preis des Erfolges. Nimm dir Zeit, um zu spielen; es ist das Geheimnis der Jugend. Nimm dir Zeit, um zu lesen; es ist die Grundlage des Wissens. Nimm dir Zeit, um fröhlich zu sein; es ist das Tor des Glücks. Nimm dir Zeit, um zu träumen; es ist der Weg zu den Sternen. Nimm dir Zeit, um zu lieben; es ist die wahre Lebensfreude. Nimm dir Zeit, um froh zu sein; es ist die Musik der Seele."

Meine Diamanten

Ich halte folgende drei Punkte fest, die mir zum *Prinzip des positiven Denkens* besonders wichtig sind:

1. --

2. --

3. --

Prinzip der Kommunikation

Wenn die Sprache ungenau ist,
stimmt das, was gesagt wird,
nicht mit dem überein, was gemeint ist.
Wenn aber das, was gesagt wird,
nicht mit dem übereinstimmt, was gemeint ist,
kann das, was getan werden soll,
nicht durchgeführt werden.

Konfuzius

Verbale und nonverbale Kommunikation: „Die Allegorie der Frösche“

Es war einmal eine Gruppe von Fröschen, die ein Wettklettern durchführen wollte. Ihr Ziel war es, die Spitze eines hohen Turms zu erreichen. Viele Zuschauer hatten sich bereits versammelt, um diesen Wettlauf zu sehen und sie anzufeuern. Das Rennen konnte beginnen. Von den Zuschauern glaubte niemand so recht daran, dass es möglich sei, dass die Frösche diesen hohen Gipfel erreichen könnten. Alles, was man hören konnte, waren Aussprüche wie: „Ach, wie furchtbar anstrengend!“, „Die werden sicher nie ankommen!“ oder „Das können sie gar nicht schaffen, der Turm ist viel zu hoch!“.

Die Frösche begannen einer nach dem anderen zu resignieren. Außer einem, der kraftvoll weiterkletterte. Die Leute riefen weiter: „Das ist viel zu anstrengend! Das kann niemand schaffen!" Immer mehr Frösche verließ die Kraft, und sie gaben auf. Nur der eine Frosch kletterte immer noch weiter. Er wollte einfach nicht aufgeben! Am Ende hatten alle aufgehört weiterzuklettern, außer diesem einen Frosch, der mit enormem Kraftaufwand als Einziger den Gipfel des Turms erreichte! Jetzt wollten die anderen Mitstreiter natürlich wissen, wie er das denn schaffen konnte! Einer von ihnen ging auf ihn zu, um ihn zu fragen, wie er es geschafft hatte, diese enorme Leistung zu vollbringen und bis ans Ziel zu kommen. Es stellte sich heraus: Der Gewinner war taub!

Verfasser unbekannt

> *„Die offene Kommunikation ist eine entscheidende Grundlage für den Erfolg, denn es wirkt immer die innere Einstellung."*
>
> ***Manfred Czierwitzki***

Die Kommunikation ist die Wirkung auf den Menschen – und umgekehrt. Kommunikation ist Wechselwirkung. Wir müssen erst einmal die Antwort hören, um zu wissen, was wir gesagt haben. Kommunikation ist immer Dialog, keine Einbahnstraße. Und das Kommunikationsmittel Nr. 1 ist die Sprache. Wir wissen: Alle Missverständnisse beruhen auf dem falschen Gebrauch der Sprache. Die nonverbale Kommunikation ist Ausdruck des Gefühls und des Denkens; das ist die körperliche Haltung, die Mimik und die Gestik. Stimmt also das, was wir sagen, überein mit dem, was wir fühlen und denken, das heißt, ist unsere artikulierte Einstellung kongruent mit unserem Körperausdruck, dann sind wir echt, dann wird Kommunikation erfolgreich und dann kann, ja wird Kommunikation gelingen.

Und schließlich gibt uns die Objekt- und Raumsprache Auskunft über unsere Kommunikations- und Lebenskultur; d. h. wie wir uns kleiden, unsere Räume einrichten, welche Produkte wir kaufen und generell, welche materiellen Dinge uns umgeben. Objekt- und

Raumsprache wirken und bewirken. Der wohl vielen von Ihnen bekannte Unternehmens- und Lebensberater Dale Carnegie übersetzt den Begriff der Kommunikation mit vier Kontaktebenen unserer Umwelt: *„Es gibt lediglich vier Möglichkeiten des Kontakts mit unserer Umwelt. Man schätzt uns danach ein, wie wir diese vier Kontaktmöglichkeiten nutzen: Was wir tun, wie wir aussehen, was wir sagen und wie wir es sagen."*

Menschen reagieren viel weniger auf das, was gesagt wird, als darauf, *wie* etwas gesagt wird. 80 Prozent unserer Kommunikation verläuft unbewusst. Sympathie und Antipathie werden unbewusst nach den Signalen der Körpersprache entschieden. Unser *gesamtes* Verhalten in zwischenmenschlichen Situationen liefert Informationen: So versteht sich der Satz von Paul Watzlawik, *dass der Mensch nicht nicht kommunizieren kann.* Von daher ist es so wichtig, diesen Bereich bewusst wahrzunehmen und zu berücksichtigen, wenn Sie Ihre Kontakte nicht dem Zufall überlassen wollen. Sie wirken nur dann überzeugend, wenn Ihre verbalen und nonverbalen Botschaften miteinander übereinstimmen. *„Nicht, was gesagt wird, ist wahr, sondern was ankommt, ist wahr: Die Botschaft entsteht beim Empfänger"*, stellt der Hamburger Psychologe Friedemann Schulz von Thun fest und erklärt die Dimension der zwischenmenschlichen Kommunikation in seinem *„Sender-Empfänger-Model"*. Jede Nachricht hat vier Aspekte oder vier Seiten, die vom Empfänger mit „vier unterschiedlichen Ohren" gehört, verstanden und aufgenommen werden:

Die bewusste und gezielte Auseinandersetzung mit den vier Seiten einer Nachricht ebnet den Weg für ein gelingendes Miteinander und sensibilisiert unser Verhalten mit dem Ziel, „in der Sache" oder in einem Sachverhalt voranzukommen. Von daher ist die vorherige *Klärung des Sachinhaltes* oder der Information, die den Empfänger erreichen soll, außerordentlich wichtig. Gesprächsgegenstand kann die Vorbereitung eines Projekts (z. B. zum Thema „Gesundheit und Ernährung") sein, die Übertragung einer Aufgabe (z. B. die Moderation eines Elternabends) oder eine Problemsituation im Verhalten der Kinder (z. B. spezifische Verhaltensauffälligkeiten eines Kindes) .

Sprechen Sie einen der drei Themenbereiche gegenüber einer KollegIn, an und machen Sie sich bewusst, inwieweit Ihre Nachricht von der „Chemie" zu Ihrem Gegenüber beeinflusst wird. Das Gespräch wird überwiegend vom *Beziehungsaspekt* dominiert und meint die Ebene, die das Verhältnis von Mensch zu Mensch kennzeichnet. Der Informationsgegenstand und das nonverbale Verhalten sind auf den Gesprächspartner gerichtet, wobei die Nachricht Informationen darüber enthält, wie wir zu unserem Gesprächspartner stehen. Es kommt also darauf an, wie wir etwas sagen und wie wir nonverbal darauf reagieren, also welche Körperhaltung, Mimik und Gestik wir zeigen. *„Der Beziehungsaspekt ist dem Sachaspekt übergeordnet"*, stellt der Psychologe Paul Watzlawik hierzu fest und macht damit zugleich darauf aufmerksam, dass das Gesprächsklima den Erfolg oder Misserfolg einer zwischenmenschlichen Kommunikation entscheidend beeinflussen kann.

Die Seite der *Selbstoffenbarung* befasst sich mit der Fortsetzung des Satzes *„Ich bin ..."* oder *„Ich will auf mein Umfeld folgendermaßen wirken ..."* und beantwortet u. a. die Fragen, wie Sie nach außen hin wirken wollen und werden, welche Strategie Sie mit Ihrer Wort- und Satzwahl verfolgen, welche Persönlichkeitsmerkmale nach außen transportiert werden sollen oder wie Sie Ihre sprachlichen Beiträge wählen und mit Ihrem nonverbalen Verhalten unterstützen (wollen). Auf dieser Ebene offenbart sich das Spektrum Ihrer gewollten (bewussten) oder ungewollten (unbewussten)

Selbstdarstellung bzw. Selbstenthüllung. Mit der Entscheidung, Ihr Auftreten und Ihre Kontaktaufnahme positiv zu gestalten, wird die Wahrscheinlichkeit einer gelingenden Kommunikation erhöht.

Der Appell schließlich zeigt die gewollte und gewünschte Einflussnahme auf den Gesprächspartner. Dieser Aspekt setzt die Sätze fort *„Ich will, dass du ...“* und *„Du sollst ...“*. Die Appelle können verbal und nonverbal, direkt oder indirekt übermittelt werden. Sie sollen Handlungen auslösen und individuelle oder kollektive Erwartungen erfüllen. Indirekte oder verdeckte Botschaften verschlechtern das Kommunikationsklima, wie zum Beispiel die Aussagen „Die Getränke sind alle ...“. „Im Gruppenraum zieht es ...“ oder „Die Aufgabe wird schon jemand übernehmen ...“. Deshalb ist es wichtig, dass Sie Ihre Appelle stets direkt und klar aussprechen, damit Sie von Ihrem Umfeld gehört und verstanden werden. Der Weg, verstanden zu werden, Handlungen auszulösen und Verhalten zu ändern ist jedoch sehr steinig und schwer: Der Verhaltensforscher Konrad Lorenz macht dies anhand von fünf Schritten der Wahrnehmung oder zusammengefasst mit seiner entwickelten Wahrnehmungshierarchie deutlich:

gesagt	heißt noch nicht	gehört
gehört	heißt noch nicht	verstanden
verstanden	heißt noch nicht	einverstanden
einverstanden	heißt noch nicht	angewendet
angewendet	heißt noch nicht	beibehalten

Die bewusste Auseinandersetzung mit den ersten drei Schritten führt zu einem gelasseneren und souveräneren Verhalten unseren Gesprächs- oder KontaktpartnerInnen gegenüber, der vierte und fünfte Schritt ist die größte Hürde für uns, weil jene von unseren Gewohnheiten weg und hin zu neuen Verhaltensweisen führen. Der vierte Schritt bedeutet für die meisten Menschen Überwindung der persönlichen Grenzen. (Denken Sie nur an das Rauchen: Sie verstehen, dass Nikotinkonsum gesundheitsgefährdend ist und sind damit auch einverstanden. Doch schaffen Sie es nicht, mit dem Rauchen aufzuhören!) Viele scheitern schon an dieser Schwelle.

Der fünfte Schritt, nämlich die (Verhaltens-)Änderung oder neue Gewohnheit beständig zu realisieren, erscheint für die meisten als nicht erreichbar („So bin ich nun mal ...").

Denken Sie daran, liebe/r LeserIn, wie Sie reagieren, wenn Sie das Gefühl haben, dass das, was Sie gesagt haben, nicht gehört wird. Ihre Mitteilung oder Nachricht ist nicht angekommen, und nicht selten regen wir uns darüber auf, weder gehört noch verstanden worden zu sein. Machen Sie einfach einmal einen Praxistest, und hören Sie nur eine Viertelstunde lang die Nachrichten im Fernsehen oder zum Beispiel ein Elterngespräch eines/r KollegIn mit; danach schreiben Sie auf, welche Sachinformationen geflossen sind. Daran wird der Mangel unserer Aufmerksamkeit deutlich, und es verwundert nicht mehr, wenn Missverständnisse auftreten, die letztlich auf der Beziehungsebene ausgetragen werden. Nicht selten kommt es dann mehr auf das Urteil an als auf den Sachgegenstand.

Mit der dritten Stufe der Wahrnehmungshierarchie haben Sie die Phase des Überzeugens erreicht; Sie haben sozusagen Ihre/n GesprächspartnerIn mit in Ihr Boot geholt und können jetzt in die Umsetzungsphase übergehen. Bereiten Sie Ihr Kommunikationsverhalten sorgfältig vor, und nutzen Sie *das Prinzip des aktiven Zuhörens.* Verzichten Sie auf ein Werten („Das haben Sie aber völlig falsch gemacht!"), auf ein hintergründiges „Heraushorchen" („Wer hat Sie in dieser Sachfrage beeinflussen wollen?"), auf ein Deuten („Das sagen Sie aber nur, weil der Kollege besser ist als Sie."), auf ein Trösten („Das ist nicht so wild. Morgen sieht die Weit schon wieder ganz anders aus!") oder auf Ratschläge („Machen Sie das mal so ... !"). Aktives Zuhören verzichtet auf Beschimpfen, Einschmeicheln, Ausweichen, Beschämen, Befehlen, Lächerlichmachen oder Aufziehen. *Aktives Zuhören bedeutet zusammengefasst:*

Einfühlsames Verhalten (Empathie):

„Ich höre und sehe, was du fühlst!" oder „Ich verstehe, wie du die Dinge im Moment siehst!"

Möglichst vorurteilsfreies Verhalten:

„Ich fälle kein Urteil über dich."

Aufrichtiges Verhalten:

„Du brauchst keine Angst vor meiner Kritik zu haben."

Eine zentrale Unterstützung für das erfolgreiche Anwenden des aktiven Zuhörens ist das Prinzip *„Sieb des Sokrates"*. Wenn Sie Menschen beurteilen und dies sogar anderen gegenüber zum Ausdruck bringen wollen oder müssen, zum Beispiel mit der in meinen Supervisionen häufig vorgetragenen Aussage „Meine KollegIn vernachlässigt ihre Aufgaben in der Gruppe und im Kindergarten-Team. Sie spricht die Kinder im Kommando-Ton an und bereitet ihre Projekte, die sehr selten geplant werden, ungenügend vor! Und sie ist nicht bereit, in anderen Gruppen auszuhelfen", dann prüfen Sie vorher genau, ob Ihre Aussage diesem Prinzip standhalten würde. Stellen Sie sich folgende drei Siebe vor, und stellen Sie hierzu jeweils die entsprechende Frage:

Das Sieb der Wahrheit:

Ist das, was ich aussagen will, wirklich wahr? Verfüge ich also zu dieser Aussage über genügend Informationen?

Das Sieb des Nutzens:

Nützt es der Person, die ich kritisieren will, und dem Team? Wird mit der Aussage die Arbeit in der Gruppe verbessert und die Teamarbeit gefördert?

Das Sieb der Liebe:

Sage ich es aus Liebe, weil ich meine KollegIn in der Wahrnehmung ihrer Aufgaben konstruktiv unterstützen will? Oder stehen andere Motive dahinter?

Nehmen Sie also das „Sieb des Sokrates" als Ihr zentrales Prinzip an; das ist Ihr Anspruch im kommunikativen Verhalten, den Sie in Ihrer Praxis erfüllen. Vor allem: Reden Sie nicht über Personen, mit denen Sie sich nicht vorher angemessen über die Kritikpunkte ausgetauscht und verständigt haben. Pflegen Sie von vornherein einen offenen Kommunikationsstil, und informieren Sie die betreffende Person darüber, dass Ihre Kritik auch im Kollegium eingebracht werden wird. So verhindern Sie, dass sich die KollegInnen hinter dem Rücken der Betroffenen austauschen, was letztlich nur zu Irritationen und einem vergifteten Arbeitsklima führt. Bedenken Sie, dass auch Sie hiervon betroffen sein könnten, dass andere über Sie reden!

Leider nehmen meine Supervisionsthemen, die sich mit solcherart Missverständnissen unter den MitarbeiterInnen und Klagen der KollegInnen befassen, etwa die Hälfte der Besprechungszeit ein. Der Managementtrainer Jörg Löhr stellt hierzu treffend fest: *„Kluge Köpfe sprechen über Ideen. Mittelmäßige über Vorgänge. Schwache über andere Menschen."* Aktives Zuhören ist der Schlüssel für persönliches, partnerschaftliches, vertrauensvolles und vor allem motiviertes Handeln und erfolgreiches Lösen von Aufgaben. Es ebnet den Weg für ein positives Gesprächs- und Arbeitsklima, fördert die fach- und sachbezogene Erfüllung der Aufgaben und ist schlechthin verantwortungsvolles Vorgehen. Dies kann mit den Worten von Novalis nicht besser und schöner dargestellt werden: *„Sprechen und Hören ist Befruchten und Empfangen!"* Verstehen Sie sich, liebe/r LeserIn, ab heute als impulsgebenden Zuhörer, und setzen Sie die wie folgt zusammengefassten Kriterien in Ihrer elementarpädagogischen Praxis um:

- Antworten und sprechen Sie nach dem Prinzip „Weniger ist mehr!", und reden Sie selbst weniger.
- Beantworten Sie jede Frage.
- Behalten Sie das, was Sie erfahren.
- Bleiben Sie ruhig und gelassen.

- Erwidern Sie das Interesse der anderen bzw. stellen Sie die gemeinsamen Interessen in den Vordergrund.
- Fragen Sie andere nach deren Interessen.
- Geben Sie wohlwollendes Feedback zu dem Gespräch.
- Gehen Sie auf andere offen und freundlich zu.
- Hören Sie gut zu.
- Machen Sie Vorschläge.
- Sehen Sie andere interessiert an.
- Sehen Sie in den anderen eine/n PartnerIn und FreundIn.
- Seien Sie optimistisch und tolerant.
- Seien Sie selbstkritisch.
- Sprechen Sie melodiös, laut, deutlich und verständlich.
- Sprechen Sie möglichst oft den Namen Ihres/r Gesprächspartnerln aus.
- Stellen Sie den anderen Fragen (vgl. hierzu die unten stehenden Hinweise zum rhetorischen Verhalten).
- Stellen Sie sich zuerst selbst vor.
- Treten Sie sicher und entspannt auf.
- Überwinden Sie etwaige Hemmungen, und zeigen Sie einen aufgeschlossenen, sich öffnenden Blick.
- Versetzen Sie sich in die Lage von anderen.
- Vertreten Sie Ihre Ansichten äußerst rücksichtsvoll.
- Zeigen/äußern Sie Verständnis.
- Zeigen Sie Herzlichkeit.
- Zeigen Sie Ihrem/er GesprächspartnerIn offenes und aufgeschlossenes Interesse.

Das aktive Zuhören sollte zu Ihrer grundsätzlichen Einstellung im Umgang mit Menschen zählen, und Ihr verbales und nonverbales Verhalten wie selbstverständlich leiten. Wenden Sie in diesem Prozess einfache und wirksame Regeln der Rhetorik an – so gewinnen Sie an Ausdruckskraft, Gesprächsfähigkeit, Ausstrahlung und Überzeugungskraft.

- Artikulieren Sie möglichst kurze Sätze, und vermeiden Sie komplizierte Ausdrücke.
- Bereiten Sie nach Möglichkeit jedes Gespräch vor, und schreiben Sie sich Stichpunkte auf.
- Bringen Sie das beste Argument immer zum Schluss, und verschießen Sie nicht gleich am Anfang Ihr Pulver.
- Gliedern Sie Ihre Stichpunkte oder Themen.
- Nutzen Sie gezielt Fragetechniken (vgl. hierzu unten stehend „Das hilft Ihnen") . Wir wissen: Wer fragt, der führt!
- Reden Sie möglichst frei, und orientieren Sie sich an dem roten Faden Ihrer Stichpunkte/Aufzeichnungen.
- Setzen Sie Ihre Körpersprache bewusst ein, unterstützen Sie z. B. zentrale Aussagen mit einer gezielten Körperhaltung und -bewegung.
- Sprechen Sie langsam, wählen Sie die richtige Betonung, und legen Sie gezielt Sprechpausen ein.
- Stellen Sie Blickkontakt her.
- Vermeiden Sie Superlative, z. B. „Wir sind die Größten!" usw.
- Wählen Sie eine bildhafte, anschauliche Sprache durch Vergleiche, Zitate oder Lebens- und Erfahrungsbeispiele.

Das Prinzip der Kommunikation reduziert sich natürlich nicht allein auf das verbale und nonverbale Verhalten Einzelner und von Gruppen. Kommunikation ist ja prinzipiell ein „Sich-Mitteilen" oder „zwischenmenschliches Verstehen"; dies führt zu der Frage, welche weiteren Instrumente der Kommunikation zur Verfügung stehen und für die private und berufliche Praxis erfolgreich eingesetzt werden können oder anders formuliert, welche Kommunikationsmittel den Austauschprozess unterstützen. Die Transparenz und Übersichtlichkeit der elementarpädagogischen Arbeit wird beispielsweise erheblich gefördert durch:

- Arbeiten nach Zielvereinbarungen und regelmäßiges Überprüfen der Ziele (Evaluation);
- Besprechungsräume und -zeiten;
- Dienst- und Teambesprechungen, in denen die vom Team entwickelten Kommunikationsregeln beachtet werden;
- Externe Informationstafel für die Kinder, Eltern und Öffentlichkeit;
- Interne Informationstafel für die MitarbeiterInnen und für den Kindergarten-Träger;
- Moderationsmethode: Visualisieren von Gesprächs- und Arbeitsergebnissen an einer Moderatorenwand;
- Öffentliche Informationswege durch die Konzeption, Kindergarten-Zeitung, Presse, den Flyer, Handzettel und Plakate, Internet- und E-Mail-Nutzung;
- Persönliche Informationswege, wie zum Beispiel „Eltern- und Mitarbeiterbrief";
- Telefonkontakt und vieles mehr.

Die Art und Weise, wie Sie mit anderen kommunizieren, beeinflusst Ihre Motivation und die Motivation des Teams, sie beeinflusst die Arbeitsproduktivität Ihres gesamten Mitarbeiterpotenzials und natürlich auch Ihr privates Umfeld. Zentral dabei bleibt die Methode des aktiven Zuhörens. Das Prinzip „Weniger ist mehr" fördert den kommunikativen Prozess, ein Nachplappern und häufiges Wiederholen von Beiträgen schadet – wie sagte Karl Valentin humorvoll? *„Es ist schon alles gesagt worden, nur nicht von jedem."* Und Johann

Wolfgang v. Goethe findet ebenfalls eine treffende Antwort: *„Getretener Quark wird breit, nicht stark!“*

10 Übungen zur Entwicklung der persönlichen Strategie: Bewusst machen– Standort bestimmen – verändern

1. Die erste Frage ist zugleich zentral für Ihre Standortbestimmung zum Prinzip der Kommunikation. Sie lautet: Wie wirken Sie auf andere Menschen? Schreiben Sie die Eigenschaften auf; notieren Sie Stichpunkte, die Aufschluss über Ihr verbales und nonverbales Verhalten geben. Begründen Sie die dargestellten Punkte!
2. Fragen Sie Ihre/n PartnerIn oder Ihre engsten Freunde, wie Ihr kommunikatives Verhalten gesehen wird, und fordern Sie zugleich eine Begründung ein!
3. Unterziehen Sie die unter 1. und 2. angeführten Antworten einem Vergleich, und machen Sie sich die unterschiedlichen Darstellungen und Begründungen klar!
4. Welche Punkte in Ihrem kommunikativen Verhalten können und wollen Sie verbessern?
5. Wie wünschen Sie sich Ihr Auftreten vor den Kindern im Rahmen der pädagogischen Arbeit, vor den Eltern, den KollegInnen und dem Träger Ihrer Kindergarten-Einrichtung?
6. Wie begrüßen Sie die Kinder, Ihre KollegInnen, Ihre Familie, Ihre/n PartnerIn am Morgen? Wie sprechen Sie Ihr Umfeld an, wie ist Ihre Körperhaltung? Sehen Sie den anderen dabei in die Augen? Wie fest ist Ihr Händedruck, wie fest darf er sein?
7. Beobachten Sie im privaten und beruflichen Bereich, inwieweit die Wahl Ihrer Worte mit Ihrer körperlichen

Haltung, Ihrer Mimik und Gestik übereinstimmt. Spielen Sie in der Ausübung Ihres Berufs eine Rolle, oder entspricht Ihr Verhalten Ihrer Grundeinstellung?

8. Mit welchen rhetorischen Anlässen haben Sie in Ihrer privaten und beruflichen Praxis häufiger zu tun? Können Sie sich in den verschiedenen Kommunikationssituationen verbessern? In welchen Punkten?
9. Welchen Kommunikationsstil pflegen Sie? Sprechen Sie in Ihrem Kollegen- oder Freundeskreis über andere Personen, und wie weit gehen Ihre Aussagen?
10. Ist die Kommunikation in Ihrem Kindergarten transparent und übersichtlich? Gibt es Regeln im Umgang miteinander, zum Beispiel im Rahmen der Teambesprechungen, der Elternabende und der Gruppenarbeit?

Das hilft Ihnen: 10 Empfehlungen für das Prinzip der Kommunikation (Fragetechniken)

1. *Informationsfragen* befassen sich ausschließlich mit dem Sachverhalt bzw. Gegenstand, zum Beispiel: „Welche zentralen Punkte im Bereich der Öffentlichkeitsarbeit erfüllen wir bereits, und welche Kriterien können ergänzt werden?"
2. Eine wichtige Fragetechnik, die dem Prinzip des aktiven Zuhörens zuzuordnen ist, ist die *Kontrollfrage,* die letztlich einem Feedback entspricht und allgemein sehr geschätzt wird: „Wie stehen Sie zu dem Sachverhalt?" oder „Was meinen Sie dazu?". Feedbackfragen dokumentieren das Interesse an der Meinung oder Äußerung von anderen und vor allem die Wertschätzung anderer.
3. *Orientierungsfragen* klären ab, ob vorgetragene Gesprächs- und Redeelemente von den anderen verstanden

worden sind und ob weitere Beiträge für das Verständnis hinzuzufügen sind: „Haben Sie noch eine Frage hierzu?" oder „Haben Sie weitere Hinweise oder Ergänzungen zu meinen Ausführungen?".

4. Eine suggestive, beeinflussende Wirkung haben sogenannte Zustimmungs- oder Ja-Fragen, die zum einen die Aufmerksamkeit des/r GesprächspartnerIn auf sich ziehen und ihn/sie zum anderen geschickt in die gewünschte Richtung (ver-)führen: „Ich bin sicher, dass Sie mir hier zustimmen?" oder „Ich denke, Sie unterstützen mein Anliegen?".

5. *Optionale Fragen* oder *Alternativfragen* erhöhen die Teilhabe und Mitverantwortung an einem Prozess; darin zeigt sich insbesondere die Wertschätzung der anderen Person, die Gelegenheit zur Mitgestaltung bekommt: „Welcher Besprechungstermin würde Ihnen am besten passen: A, B oder C?" oder „Welche Räumlichkeiten wären für die Umsetzung unseres Projekts geeignet?".

6. *Bestätigende Fragen* verbessern das Gesprächsklima und das aktive Zuhören; sie klären zudem ab, ob die Äußerungen der anderen Person verstanden und richtig wiedergegeben werden: „Gut, dass Sie mir diese Frage stellen, die da lautet ..." oder „Mit Ihrer Frage nach den Schwerpunkten unserer Kindergarten-Arbeit zeigen Sie Ihr großes Interesse an unserem Arbeitsverständnis und an unserer praktischen Arbeit!".

7. Die *Fragen zur Eröffnung* eines Gesprächs, einer Rede oder einer Verhandlung steigern das Interesse und die Aufmerksamkeit; sie machen neugierig und öffnen zudem die Bereitschaft, zum Beispiel an einer Aufgabe mitzuarbeiten: „Wenn ich Ihnen eine Lösung für Ihr Problem anbiete, haben Sie dann fünf Minuten Zeit für mich?" oder „Steigen Sie mit ein in unser Kindergarten-Boot, wenn Sie mit Ihrem Anliegen zur Förderung Ihres Kindes weiterkommen?".

8. *Öffnende Fragen* zeigen das Interesse des Fragenden an der anderen Person und ermöglichen eine ausführliche Antwort, die beispielsweise umfassende Informationen über geleistete und zu leistende Aufgaben gibt: „Wie sind Sie mit Ihrer Aufgabe zufrieden?" oder „Welche Punkte sind Ihnen wichtig bei der Gestaltung unseres Kindergarten-Festes?".

9. *Fragen zum Abschluss* des Gesprächs unterstreichen die Richtigkeit oder den Veränderungswunsch des/der GesprächspartnerIn und fassen das Ergebnis zusammen: „Haben wir Sie überzeugen können von unseren folgenden Kindergarten-Leistungen?" oder „Haben Sie sich überzeugt, dass ...?".

10. *Provozierende Fragen* können im Sinne einer Sensibilisierung des Sachverhalts und des Verhaltens sehr sinnvoll sein und produktive Ergebnisse hervorrufen: „Glauben Sie wirklich, dass unsere Elternarbeit eher passiv als aktiv ist?" oder „Sind Sie wirklich davon überzeugt, dass Ihr Kind den Kindergarten wechseln sollte?".

Zusammenfassung

- Kommunikation ist wechselseitig. Kommunikation ist die Wirkung auf den Menschen.
- Die Bedeutung jeder Kommunikation liegt in der Reaktion, die sie bewirkt, und nicht in ihrem Inhalt.
- Die menschlichen Kommunikationsmittel sind die verbale (sprachliche) und nonverbale (nicht-sprachliche) Kommunikation.
- Die verbale Kommunikation meint die geschriebene und die gesprochene Sprache. Die gesprochene Sprache wird bestimmt und beeinflusst von der Lautstärke, der Deutlichkeit, der Sprechgeschwindigkeit, dem Tonfall und der Melodie, dem Sprachrhythmus und von den Pausen.

- Der nonverbale Kommunikationsbereich wird zusammengefasst aus der Körper-, Objekt- und Raumsprache. Die Körpersprache umfasst die Körperhaltung, die Gestik, Mimik und den Blickaustausch; die Objektsprache bezieht sich auf körpernahe (Haare, Kleidung, Schmuck usw.) und körperferne Objekte (Wohnungs-, Büro- oder Arbeitsplatzeinrichtung, Pkw usw.); die Raumsprache unterscheidet Distanzzonen (Intimzone, soziale und persönliche Zone), Territorien (eigener Körper, Angriffsschutz, Wohnraum). Wissen und Zeiteinteilung (Rückzug, Rituale, Zeitvertreib usw.).
- Die Dimension der zwischenmenschlichen Kommunikation findet sich in dem „Sender-Empfänger-Modell" von dem Psychologen Schulz von Thun wieder, nach dem eine Nachricht vier Aspekte enthält: Sachaspekt, Beziehungsaspekt, Selbstoffenbarung und Appell (Botschaft). Der Beziehungsaspekt bzw. die Beziehungsebene bestimmt unser Verhalten.
- Die von dem Verhaltensforscher Konrad Lorenz entwickelte Wahrnehmungshierarchie ist ein einfaches, aber geeignetes und wirksames Hilfsmittel für die bewusste Einleitung von Verhaltensänderungen und von gelassenem und souveränem Auftreten.
- Das Prinzip des aktiven Zuhörens gehört zu den wichtigsten Strategien der Motivation. Es fördert die Kooperation von Personen, verbessert das Arbeitsklima und erhöht die Produktivität des Einzelnen und von Teams.
- Das „Sieb des Sokrates" ist eine geeignete Hilfe in der zwischenmenschlichen Kommunikation; es ist das Prinzip eines angemessenen und wirksamen Umgangs miteinander und hat Vorbildwirkung, nämlich Menschen so zu behandeln, wie man selbst behandelt werden möchte.

- Erfolgreiches kommunikatives Verhalten kann jeder erlernen: Zum einen wirkt die Einstellung zum aktiven Zuhören wahre Wunder, zum anderen stehen zahlreiche rhetorische Regeln zur Verfügung, die das verbale Verhalten optimieren können.
- Kommunikation heißt insbesondere „Mitteilen", und dies lässt sich durch formale Kommunikationsmittel positiv beeinflussen. Transparenz und Übersichtlichkeit hängen von der Art und Weise der Informationsvermittlung ab: Dies kann eine Informationstafel (Storyboard) für die MitarbeiterInnen und die Eltern sein, vereinbarte und festgelegte Regeln im Umgang miteinander (zum Beispiel in Teambesprechungen) oder die Mediennutzung für die Veröffentlichung von Informationen.
- Kommunikation wird gefördert durch Aufgeschlossenheit, Aufmerksamkeit, Empathie, Offenheit, Präsenz, Resonanz, Respekt, Wertschätzung und vieles mehr.
- Die innere Kommunikation, also der Dialog mit sich selbst, hat entscheidende Bedeutung für das Verhalten und für das Tun, weil es sich hierbei um ein Gemisch von Hoffnungen. Wünschen. Glaubenssätzen. Vorwürfen. Ermutigungen usw. handelt. Hierüber gibt es grundlegende Hinweise unter dem Abschnitt „Prinzip des positiven Denkens".

Meine Diamanten

Ich halte folgende drei Punkte fest, die mir zum *Prinzip der Kommunikation* besonders wichtig sind:

1. --

2. --

3. --

Prinzip des Zeitmanagements

ZEIT

Ich wünsche dir nicht alle möglichen Gaben,
ich wünsche dir nur, was die meisten nicht haben;
ich wünsche dir Zeit, sich zu freuen und zu lachen,
und wenn du sie nutzt, kannst du was draus machen.

Ich wünsche dir Zeit für dein Tun und dein Denken,
nicht nur für dich selbst, sondern auch zum Verschenken. Ich wünsche dir Zeit – nicht zum Hasten und Rennen, sondern die Zeit zum „Zufriedensein" können.

Ich wünsche dir Zeit – nicht nur so zum Vertreiben.
Ich wünsche, sie möge übrig bleiben,
als Zeit für das Staunen und Zeit für Vertrauen,
anstatt nach der Zeit auf die Uhr zu schauen.

Ich wünsche dir Zeit, nach den Sternen zu greifen,
und Zeit, um zu wachsen, das heißt, neu zu reifen.
Ich wünsche dir Zeit, neu zu hoffen, zu lieben.
Es hat keinen Sinn, diese Zeit zu verschieben.

Ich wünsche dir Zeit, zu sich selbst zu finden,
jeden Tag, jede Stunde als Glück zu empfinden.
Ich wünsche dir Zeit, auch um Schuld zu vergeben.
Ich wünsche dir: Zeit zu haben zum Leben!

Verfasser unbekannt

> *„Wer keine Zeit hat, tut am wenigsten!“*
>
> **Christoph Lichtenberg**

Die Zeit ist ein kostbares Gut. Sie gehört zu den äußerst knappen Ressourcen, die uns zur Verfügung stehen. Es ist fast so wie mit dem Spiel „Hase und Igel“: Es kommt darauf an, möglichst schneller zu sein als andere – frei nach dem Motto: *„Wer nicht mit der Zeit geht, geht mit der Zeit!“* Ist es wirklich so, wie uns das berühmte Zitat von Michail Gorbatschow vermitteln will? *„Wer zu spät kommt, den bestraft das Leben!“*

Zeit kostet Geld und mit der Zeit steigen die Preise. Deshalb können wir nicht schnell genug unsere Aufgaben lösen. Wir sitzen dabei dem Irrtum auf, dass „schneller gleich besser“ sei oder dass „Quantität gleichzeitig Qualität“ bedeute. Vor diesem Hintergrund müssen wir uns immer wieder von Neuem bewusst machen, dass der Mensch nur einen Gedanken, nur eine Aufgabe zurzeit lösen kann. Daraus folgt, dass wir mehrere Dinge nicht zur gleichen Zeit und gleich gut erledigen können. Wir lernen in diesem Prozess, dass derjenige, der es eilig hat, langsamer gehen muss, um erfolgreich zu seinem Ziel zu gelangen. Wir erfahren auch, dass die Konzentration auf eine Aufgabe, also das sukzessive Umsetzen von Schrittfolgen, erst Qualität ermöglicht und auch quantitativ bessere Ergebnisse hervorrufen kann. Die wohl auch Ihnen bekannte Geschichte über den „Müßiggänger“ Till Eulenspiegel aus dem schleswig-holsteinischen Mölln macht diesen Sachverhalt deutlich: Till Eulenspiegel war unterwegs. Auf schlechter Wegstrecke wurde der Müßiggänger von einer Kutsche überholt. Der Kutscher, der es offenbar äußerst eilig hatte, fragte Eulenspiegel: „Wie weit ist es bis zur nächsten Stadt?“ Till Eulenspiegel antwortete: „Wenn Ihr langsam fahrt, eine halbe Stunde; wenn Ihr schnell fahrt, einen halben Tag, mein Herr.“ „Du Narr!“, schimpfte der Kutscher unwirsch und donnerte los. Nach einer Stunde traf Till den ungeduldigen Kutscher wieder. Er fluchte wie wild, denn seine Kutsche lag im Straßengraben. „Sagte ich es nicht“, meinte Eulenspiegel, „wenn Ihr langsam fahrt, eine halbe Stunde ...“

Der effektive und effiziente Umgang mit der Zeit ist und bleibt ein immerwährendes aktuelles Thema, obwohl dies sprachlich betrachtet unmöglich ist: Wir können nicht mit der Zeit umgehen, sondern nur in der Zeit sein und innerhalb der gegebenen Zeit Aufgaben so gut wie möglich lösen. Je schneller wir die Aufgaben lösen und vorantreiben, je schneller wir Probleme lösen und je schneller wir die Strecke von A nach B überwinden, desto erfolgreicher sind wir! So versteht sich unsere heutige Gesellschaft. Die Schnelligkeit und die Zunahme von beschleunigtem Verhalten ist zum Symbol für Fortschritt geworden. Die Rasanz der medialen und technischen Entwicklung ist im wahrsten Sinne des Wortes atemberaubend, die Halbwertzeit des Wissens beträgt nur noch fünf Jahre, und der Einzelne, aber auch die Gesellschaft verlieren aufgrund dessen zunehmend die Orientierung. Unsere Reize werden mit unzähligen Informationen, Bildern, Ereignissen, Events, Lärm oder mit technischen Super-Animationen und Tricks überflutet; unsere (Sinnes-)Reize sind nicht mehr durchgängig tauglich für eine ruhige, sachgerechte Lösung unserer stetig anwachsenden Aufgaben und Anforderungen.

Wir spielen also das Spiel der Beschleunigung mit und feiern so ganz nebenbei – das ist die Ironie des Banalen – unsere kleinen Siege des Alltags, zum Beispiel wenn wir der langen Schlange an der Einkaufskasse zuvorkommen oder andere mit unserem Auto überholen: Das ist der Triumph des Zeitgewinns und der Zeitersparnis! Das ist unsere tägliche Umwelt, das tägliche Umfeld, in der bzw. dem unsere Kinder aufwachsen oder heranwachsen sollen. Unsere Kinder, die mit Spielmaterial förmlich zugedeckt werden und gar nicht wissen, welcher Beschäftigung sie sich zuerst widmen sollen; unsere Kinder, die von den Eltern, zumeist von der Mutter, von einem Ort zum anderen kutschiert werden, weil ja zahlreiche Termine anstehen. Und in der Schulzeit folgt dann der Nachhilfeunterricht. So geht es immer weiter: Der Druck, nicht versagen zu dürfen und zu wollen, mithalten zu können, wächst im zunehmenden Alter, bis das Beschleunigungs- und Anpassungsverhalten seinen Höhepunkt erreicht hat. Wir kommen einfach nicht mehr zur Ruhe oder andersherum: *„Alles Schöne und Gute scheitert an der Unruhe“,* stellt Robert Walser zu Recht fest. Diese innere Unruhe ist die „Achterbahnfahrt des Seelenlebens“, das ein Zeitgefühl erst gar nicht aufkommen lässt; ist der Starkstrom des Alltags, der kaum mehr klare, aufbauende und konzentrierte Gedanken zulässt, ein Alltag, der ein Innehalten und Zurückführen auf das Eigentliche verhindert und letztlich so weit führt, dass wir uns selbst mit Bildern und Ereignissen, zum Beispiel am Fernseher, „zuschütten“ – unterstützt noch durch das Zappen mit dem Zufallsgenerator „Fernbedienung“ . Wir könnten ja etwas verpassen, es besteht die Gefahr, nicht auf dem Laufenden zu sein, nicht mitreden zu können! Diese Situation stellt meiner Überzeugung nach ein ernstes Problem unserer modernen Gesellschaft dar. Auch Sie, liebe/r LeserIn, sind ein Teil davon und gehören möglicherweise ebenfalls zu denen, die sich von der allgemeinen Hektik und alltäglichen Geschäftigkeit beeinflussen lassen. Sie kommen aufgrund Ihres gefühlten Zeitdrucks kaum mehr zu sich und sind deshalb vermehrt außer sich. Die elementarpädagogische Arbeit mit den Kindern bereitet Ihnen noch Freude, obwohl Sie spüren, dass die allgemeine innere Unruhe bei den Kleinen längst angekommen ist und sich häufig in Verhaltensauffälligkeiten (z. B. ADHS) entlädt. Hilft in dieser Situation das Prinzip des Zeitmanagements? Meine Antwort auf diese Frage ist ein klares JA ! Gehen Sie eine Partnerschaft mit der Zeit ein, und zwar in dem Sinne, jeden Moment konzentriert und bewusst wahrzunehmen, zu genießen und auszukosten, so schwierig und hektisch die aktuelle Situation auch zu sein scheint. Zeitmanagement ist nichts anderes als Prioritäten zu setzen, die Entscheidung, das Wichtige vom Unwichtigen zu trennen, ein permanenter Lernprozess, sich klar und unmissverständlich zu artikulieren, das heißt auch, nicht JA zu sagen, wenn Sie NEIN meinen.

Fangen Sie gleich heute damit an, sich zunächst Ihren Tagesablauf bewusst zu machen. Tragen Sie in den hier dargestellten Kreis die ungefähren Relationen Ihrer Aufgaben im Beruf und Privatleben (7 Stunden Schlaf – 1 Stunde Frühstück usw.) ein:

Mein Tagesablauf (der Kreis entspricht 24 Stunden):

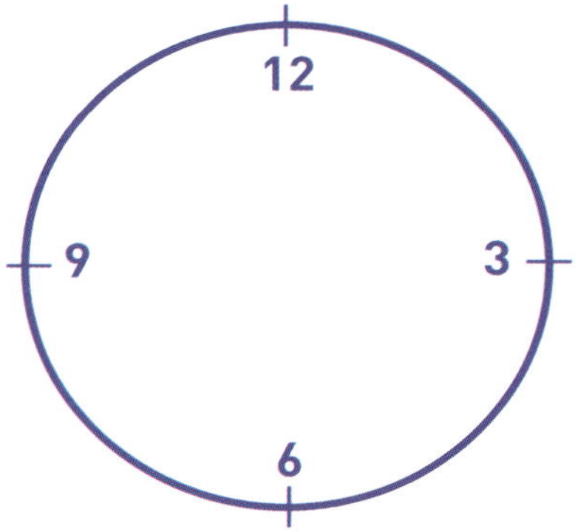

Tragen Sie hier Ihren gewünschten Tagesablauf ein:

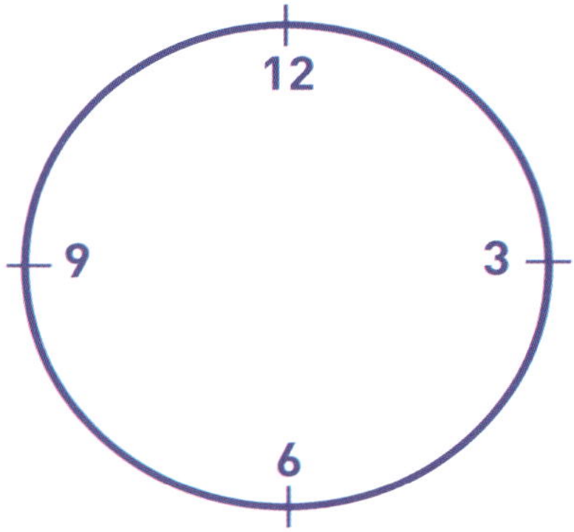

Entwickeln Sie hieraus Ihre Veränderungsstrategie, und tragen Sie diejenigen Punkte ein, die Sie ab sofort verändern wollen:

1. --

2. --

3. --

Beachten Sie dabei Ihren Tagesrhythmus, den Sie einhalten wollen und benötigen; dies sind die immer wiederkehrenden Zeiten, die Sie für sich „reserviert“ haben und auf die Sie eingestellt sind. Das kann zum Beispiel ein Zeitrahmen sein, den Sie nur für sich ausfüllen. Als Nächstes betrachten Sie Ihre Zeitgestaltung innerhalb der Woche und innerhalb des Monats. Schaffen Sie sich einen grundlegenden Überblick, und analysieren Sie diese Situation im Sinne eines gesteuerten Zeitmanagements, das Ihnen mehr Freiräume als bisher zur Verfügung stellt. Das kann auch heißen, dass Sie Ihr berufliches und privates Umfeld stärker in der Übernahme von Aufgaben einbeziehen; es kann sogar so weit führen, dass Sie es schaffen, aus dem Hotel „Mama" ein Hotel „(Familien-)Team" zu machen. Sie lernen in diesem Prozess:

- disziplinert und konzentriert zu handeln;
- Geduld zu üben (in der Ruhe steckt die Kraft);
- Grenzen zu setzen;
- Ihre eigenen Interessen durchzusetzen und zu verwirklichen;
- zulassen;
- mit Kritik positiv umzugehen und Kritik auszuhalten;
- NEIN zu sagen;
- Prioritäten zu setzen;
- sich in der Artikulation kürzer als bisher zu fassen;
- Unangenehmes sofort zu erledigen;
- zu delegieren und Aufgaben zu übertragen!

Fangen Sie noch heute konkret mit Ihrer Planung an. Hierfür schenke ich Ihnen ein Zauberwort, das wahre Wunder bewirkt. Es hat nur fünf Buchstaben und lautet schlicht „JETZT"! Sie kennen die uns allen vertraute Aussage: „Ich habe dafür jetzt keine Zeit ..."; das heißt übersetzt: „Ich will es jetzt nicht tun!" Fragen Sie sich in solchen Situationen ernsthaft, warum Sie etwas nicht tun, obwohl Sie es eigentlich wollen. Suchen Sie nach Ausreden und was der wirkliche Grund für Ihr passives Verhalten ist. Schließlich überprüfen Sie anhand der unteren Checkliste, ob Sie von Hektik, beschleunigtem Verhalten und Rastlosigkeit betroffen sind:

- ☐ Auf die Bedienung in einem Restaurant warte ich nicht länger als fünf Minuten.
- ☐ Der Tag könnte 30 Stunden haben!
- ☐ Ich beeile mich, um als Erster an der Schlange zu stehen, auch wenn es nicht darauf ankommt, z. B. an der Gepäckausgabe im Flughafen.
- ☐ Ich fahre sehr gern schnelle Autos und meist auf der Überholspur. In der Regel überschreite ich die zulässige Geschwindigkeit um mindestens 10 km/h.
- ☐ Ich mache gern mehrere Dinge gleichzeitig, z. B. arbeite ich am PC während eines Telefonats weiter.
- ☐ Ich muss immer in Bewegung sein und mich beschäftigen. Langeweile kenne ich nicht.
- ☐ Ich treibe meine Kindergarten-Kinder, meine eigenen Kinder und meinen PartnerIn zur Eile an.
- ☐ Ich unterbreche meine Gesprächspartner oder führe deren Sätze zu Ende.
- ☐ Ich werde sehr schnell ungeduldig, wenn jemand um den heißen Brei redet oder vom Thema abschweift.
- ☐ Unpünktliche Personen machen mich rasend.

Wie viele Kreuze haben Sie eingetragen? Bei bis zu drei Kreuzen können wir feststellen, dass Sie belastbar sind und Ihre Aufgaben angemessen wahrnehmen. Ab vier Kreuzen beginnt die kritische Zone. Prüfen Sie genau ab, inwieweit Sie dieser Situation positiv entgegenwirken können und wollen! Dies kann ein Ausgleichsprogramm, das Sie für sich entwickeln, sein, in dem Sie Sport treiben, Entspannungs- oder Meditationskurse sowie Weiterbildungskurse besuchen.

Zusammengefasst begründet sich das Beschleunigungsverhalten, die Hektik und die Geschäftigkeit an ökonomischen Erfordernissen, der Reizüberflutung durch die Medien, der rasanten technischen Entwicklung usw. Wir werden zunehmend von außen bestimmt und beeinflusst: Wir passen uns an, oder wir scheitern an dem unerhörten Tempo. Doch wo bleiben wir selbst? Ödön von Horváth trifft mit dem folgenden Satz den Nagel auf den Kopf: *„Eigentlich bin ich ganz anders, nur komme ich so selten dazu."* Von nicht ungefähr erfährt die Montessori-Pädagogik eine Renaissance und die Waldkindergärten vermehrten Zuspruch.

10 Übungen zur Entwicklung der persönlichen Strategie: Bewusst machen – Standort bestimmen – verändern

1. Führen Sie regelmäßig eine Zeitplanung durch? Nach welchen Kriterien erscheint Ihnen eine Zeiteinteilung wichtig?
2. Legen Sie Prioritäten nach Dringlichkeit und Zeitpotenzial fest? Schreiben Sie Ihre persönlichen Zeitprioritäten (z. B. mindestens 30 Minuten Bewegung am Tag) und Ihr berufliches Zeitbudget gemessen an den wiederkehrenden und gestaltenden Arbeiten auf!
3. Leiden Sie an der weitverbreiteten Krankheit „Aufschieberitis von Aufgaben"? Welche unangenehmen Aufgaben müssen Sie erledigen, und welche davon schieben Sie bewusst oder unbewusst hinaus? Geben Sie die Gründe hierfür an!
4. Glauben Sie, dass wir den Begriff „Zeit" definieren oder erklären können? Unternehmen Sie den Versuch! Zu welchem Ergebnis kommen Sie?
5. Glauben Sie, dass ein konzentriertes pädagogisches Arbeiten im elementarpädagogischen Bereich überhaupt

möglich ist? Welche Faktoren verhindern das intensive und störungsfreie Arbeiten? Schließt die Kindergarten-Arbeit von vornherein konzentriertes, stilles und gar erschließendes Arbeiten aus?

6. Strahlen Sie gegenüber Ihren Kindern, KollegInnen und Eltern die Ruhe und Kraft aus, die Sie am ehesten zur zeitnahen Aufgabenlösung führt? Oder machen Sie Ihr Umfeld durch ungeduldiges, unruhiges und unausgeglichenes Verhalten nervös? Welche Gründe liegen hierfür vor?

7. Kennen Sie Ihren Zeitrhythmus am Tag, in der Woche und im Monat? Machen Sie sich Ihre typischen, wiederkehrenden Aufgaben bewusst und ermitteln den dafür verwendeten Zeitaufwand. Erscheint Ihnen vor diesem Hintergrund Ihre Zeiteinteilung als langweilig oder als flexibel? Entscheiden Sie sich in diesem Zusammenhang, welche Zeitgewohnheiten Sie ändern wollen und werden!

8. Wer oder was sind Ihre Zeitfresser/Zeitdiebe? Stellen Sie eine Liste auf, und fangen Sie noch heute an, Ihr Verhalten und Ihre Handlungen in die gewünschte Richtung zu lenken!

9. Schalten Sie sogenannte Störfaktoren aus? Oder lassen Sie sich zum Beispiel während der Vorbereitungszeit für ein Projekt oder eine Veranstaltung von außen stören? Entwickeln Sie eine Strategie, die ein permanentes Stören des Arbeitsprozesses verhindert – es geht! Fangen Sie heute noch damit an! Am besten: Jetzt!

10. Planen Sie Ihre Gespräche, zum Beispiel mit Eltern, KollegInnen und Gästen des Kindergartens, zeitlich vor? Führen Sie das Gespräch ziel- und ergebnisorientiert durch? Können Sie langatmige Gesprächssituationen durch einen freundlichen Hinweis beenden?

Das hilft Ihnen: 10 Empfehlungen für das Prinzip des Zeitmanagements

1. *Setzen Sie Prioritäten:* Erledigen Sie zuerst die Dinge, die am wichtigsten sind und von denen viel abhängt. Unterscheiden Sie nach Dringlichkeit. Aufgaben mit der Dringlichkeitsstufe A müssen sofort erledigt werden; Dringlichkeitsstufe B heißt, das ist zwar wichtig, aber nicht dringend und kann daher zeitnah realisiert werden; Dringlichkeitsstufe C heißt nicht wichtig und kann gegebenenfalls mittelfristig gelöst werden; Dringlichkeitsstufe D schließlich heißt schlichtweg „Ab in den Papierkorb!" Fertigen Sie sich ein Raster oder eine Matrix (vier Felder/Quadrate) an, mit dessen Hilfe Sie die anstehenden Aufgaben einteilen und Ihr zeitliches Herangehen priorisieren.

2. *Fassen Sie Ihre Zeitdiebe,* oder finden Sie heraus, für welche Aufgaben Sie am meisten Zeit zur Erledigung, Klärung und Lösung benötigen. Was ist verantwortlich für die „Zeitverschwendung"? Finden Sie ein neues Verhalten und Einteilen, um mehr Zeit für sich und die Aufgaben, denen Sie intensiver nachgehen wollen, zu haben und zu genießen!

3. *„Konkretisieren Sie Ihre Ziele und Ihre Vereinbarung mit sich selbst"* so *gut wie möglich:* Formulieren Sie Ihre Ziele ergebnis- und handlungsorientiert; woran eine Zeitangabe gekoppelt ist. Vermeiden Sie vage Zielformulierungen, wie zum Beispiel: „Ich möchte besser werden und mehr Zeit für mich haben." Schreiben Sie in Ihren Zielformulierungen auf, was Sie konkret erreichen und verändern wollen, zum Beispiel: „Ich entwickle einen Beobachtungsbogen für das motorische Verhalten meiner Gruppenkinder, kläre die Struktur im Team und setze den

Bogen spätestens in drei Monaten ein." (Näheres zu den Zielen im Kapitel „Prinzip der Vision und Ziele".)

4. Beachten Sie Ihre *persönliche Leistungskurve.* Diese ist oft während der Vormittagszeit am höchsten, in der Sie die dringendsten Aufgaben, die Ihre volle Konzentration erfordern, erledigen sollten. Planen Sie gezielt Ihre Ruhephasen, soweit dies möglich ist – das kann im Rahmen der Dienstbesprechung geschehen und ist genau betrachtet eine organisatorische Frage. Nach den Ruhephasen haben Sie in der Regel wieder die Kraft und Energie, die Sie für die Lösung von wichtigen Fragen benötigen.

5. Richten Sie sich einen *Zeitplaner* ein, in dem Sie Ihre Termine, die dringendsten Aufgaben und die Aktivitäten, die Sie ungestört umsetzen wollen, eintragen. Erledigen Sie Ihre Planung schon am Vorabend. Hierfür benötigen Sie nicht mehr als 15 Minuten Zeit, die sich allerdings lohnt! Ihr Unterbewusstsein stellt sich darauf ein; so sind Sie am nächsten Morgen optimal eingestellt und müssen sich nicht schon nach dem Aufstehen Gedanken machen.

6. Teilen Sie sich für die Lösung Ihrer Aufgaben sogenannte *Arbeitsblöcke* ein. Unterscheiden Sie dabei große Aufgaben und kleinere Aktivitäten, die Sie bündeln und in einem Arbeitsblock führen können. Dies führt zu einem effektiven und effizienten Arbeiten, das Ihnen mehr Spielraum und freie Zeit verschaffen kann. Für die größeren Arbeitsblöcke, beispielsweise die umfassende Planung und Durchführung von gruppenübergreifenden Projekten, nutzen Sie mehr Zeit und Energie, die Ihnen dann auch zur Verfügung steht.

7. Entwickeln Sie nur für sich ein *tägliches Belohnungssystem* das Sie für die Fortführung Ihrer Aufgaben motiviert. Belohnen Sie sich zum Beispiel mit regelmäßigen Pausen, die Sie für einen kurzen Spaziergang, einen

Kaffee oder ein persönliches Gespräch nutzen. So gewinnen Sie Abstand von der (vermeintlichen) Alltagshektik und Geschäftigkeit und gleichzeitig die nötige Nähe zur Lösung der anstehenden Probleme. Das Sicherstellen der Balance von Distanz und Nähe ist so im Fluss. Entwickeln und realisieren Sie eine Art „Abschirmungssystem" für Ihre tägliche „stille Stunde"!

8. *Loslassen können* setzt insbesondere voraus, *NEIN sagen* zu können. Haben Sie den Mut, nicht alles und jedes mit einem freundlichen „Ja" zu beantworten, obwohl Sie „Nein" meinen. Gerade diese Inkonsequenz raubt Ihnen die Zeit, die Sie für sich und Ihr privates Umfeld dringend benötigen. Denken Sie daran, dass Sie Ihr privates Umfeld pflegen, was die Voraussetzung für ein gelungenes, ausgeglichenes und erfolgreiches Arbeiten ist.

9. *Übertragen Sie Verantwortung, und delegieren Sie Aufgaben,* wenn Sie die Möglichkeit dazu haben. So entwickeln Sie Vertrauen in Ihre MitarbeiterInnen, fördern aber auch Ihr Selbstbewusstsein. Ihr Zeitbudget wird auf diese Art und Weise optimal eingesetzt und genutzt; Sie können sich auf das konzentrieren, was Sie gern und mit Freude tun: Konzentrieren Sie sich auf Ihre Stärken, und erledigen Sie die Dinge, die Sie gut können.

10. *Bilanzieren Sie Ihren Umgang mit der Zeit!* Dies geschieht am Ende jedes Arbeitstags und klärt, was und welche Handlungen Sie in der Zukunft verstärken und worauf Sie verzichten wollen. Mit der Erkenntnis „Es ist nicht wenig Zeit, die wir haben, sondern es ist viel Zeit, die wir nicht nutzen", macht Seneca den Unterschied zwischen gut gelöst und gut gemeint deutlich!

Zusammenfassung

- Das Prinzip des Zeitmanagements ist ein wirksames Instrument für die Prioritätensetzung, das heißt, dahinter steht die Entscheidung, welche Aufgaben in welcher Reihenfolge gelöst werden sollen. Der Talmud bringt diese Strategie der Motivation wie folgt auf den Punkt: „Sage nicht, wenn ich Zeit dazu habe. Vielleicht hast du nie Zeit dazu. Wenn nicht jetzt – wann dann?"
- Wir unterscheiden A-, B-, C- und Papierkorb-Aufgaben. Mithilfe einer Matrix werden die Aufgaben nach dem Grad ihrer Bedeutung eingetragen und auf deren zeitliche Festlegung hin wahrgenommen und gelöst.
- Wir leben in einer Zeit der Beschleunigung und Anpassung: „Je schneller, desto besser." Die Geschwindigkeit bestimmt unser Leben, entfernt uns aber ebenso schnell vom Eigentlichen, deshalb „geht der Langsamste, der sein Ziel nicht aus den Augen verliert, immer noch schneller, als der, der ohne Ziel herumirrt", so Gotthold Ephraim Lessing.
- Das Zeitmanagement kann zu einem bewussteren Umgang mit sich selbst, mit anderen Menschen und mit Sachverhalten führen. Es fördert die „Entdeckung der Langsamkeit" (Sten Nadolny), das konzentrierte, langsame und strukturierte Lösen von Aufgaben. Es führt weg von der Hektik hin zum gelassenen und der Sachlösung angemessenen Verhalten. „Wenn du es eilig hast, dann gehe langsam!" (Johann Wolfgang v. Goethe)
- Die Klärung, Realisation und Einhaltung von sogenannten „Eigenzeiten", Tages- und Wochenrhythmen führen zu einer ausgeglicheneren Lebensweise, was vor allem eine klare Entscheidung voraussetzt, die insbesondere nach außen konsequent durchgesetzt werden muss. Die Ernte ist eine verbesserte Lebensqualität.

- Gezieltes Zeitmanagement vergrößert die eigenen Handlungsfreiräume, die Kraft und Energie für den Alltag spenden; sie trennt das Wesentliche vom Unwesentlichen und richtet den Blick auf die Dinge, auf die es ankommt.
- Wohlverstandenes Zeitmanagement kann zu einem neuen Lebensverständnis führen, das durch den folgenden wunderbaren Text von Jorges Luis Borges wiedergegeben wird:

> *„Könnte ich mein Leben noch einmal von vorn beginnen, würde ich versuchen, mehr Fehler zu machen,*
> *ich würde alberner sein, würde ganz locker werden,*
> *nur noch ganz wenige Dinge ernst nehmen,*
> *ich würde entschieden verrückter sein und weniger reinlich,*
> *ich würde mehr Gelegenheiten beim Schopfe ergreifen und öfters auf Reisen gehen,*
> *ich würde mehr Berge ersteigen, mehr Flüsse durchschwimmen und*
> *mehr Sonnenaufgänge auf mich wirken lassen,*
> *ich würde mehr echte Probleme und weniger eingebildete Nöte haben.*
> *Nun – ich habe meine verrückten Augenblicke, aber wenn ich*
> *noch einmal*
> *von vorn anfangen könnte, würde ich mehr verrückte Augenblicke haben –*
> *genau gesagt: Augenblicke, einen nach dem andern, und nichts mehr*
> *von Plänen zehn Jahre voraus."*

Meine Diamanten

Ich halte folgende drei Punkte fest, die mir zum *Prinzip des Zeitmanagements* besonders wichtig sind:

1. --

2. --

3. --

Prinzip der Kreativität

Als ich ein Kind war,
sagte meine Mutter zu mir:
Wirst du Soldat, so wirst du General werden.
Wirst du Mönch, so wirst du Papst werden.

Ich wollte Maler werden,
und bin Picasso geworden.

Pablo Picasso

Wo kämen wir hin,
wenn jeder sagte,
wo kämen wir hin –
wo niemand ginge,
um mal zu sehen,
wohin man käme,
wenn man ginge.

Ernst Martin

„Wenn man etwas haben will, was man noch nie gehabt hat, muss man etwas tun, was man noch nie getan hat."

Albert Einstein

Das Prinzip der Kreativität ist der Farbtupfen des Lebens. Gelebte Kreativität führt hin zur Leichtigkeit des Seins, die unmittelbar verbunden ist mit Schöpferkraft und der Entdeckung des Neuen. Der Lebensgrundsatz „Es ist wichtig, im Leben etwas Neues auszuprobieren" ist der Motor des Handelns und die beste Strategie der Motivation schlechthin für das persönliche und kollektive Veränderungsmanagement. Die allen Menschen innewohnende Kreativität will „wach geküsst" werden, und dies geschieht durch den festen Glauben und durch das Erkennen der individuell angelegten Gestaltungskräfte, die in dem Bewusstsein verankert sind, dass Leben nichts anderes ist, als Probleme zu lösen.

„Inmitten von Schwierigkeiten liegen günstige Gelegenheiten" ist das von Albert Einstein überlieferte Credo (Glaubensbekenntnis), das sinnvoll von ihm ergänzt wurde mit der Feststellung *„Fantasie ist wichtiger als Wissen".* Probleme sind in diesem Zusammenhang nichts anderes als die Impulse für Veränderung – Impulse, die neue Lösungen einfordern und den Aufbruch verlangen. Kreativität ist Wachstum, ist die „Wundertüte des Lebens", die unweigerlich zur Stärkung und Ausformung des Selbstbewusstseins und Selbstvertrauens führt. Der kreative Mensch, ja, die kreative Persönlichkeit verabscheut eingefahrene Gleise, wandert nicht auf abgetretenen Pfaden, sondern weiß, dass der „Kopf rund ist, damit das Denken die Richtung wechseln kann".

Der amerikanische Hochschullehrer Richard L. Weaver zeigt in seinen Untersuchungen zur Frage der Kreativitätsentwicklung mit dem folgenden von ihm festgehaltenen Beispiel auf, dass es darauf ankommt, die eigenen Kreativitätspotenziale zu erkennen und vor allem anzuerkennen: Vor ein paar Jahren beklagte eine führende Ölgesellschaft, dass es einigen Mitarbeitern im Bereich Forschung und Entwicklung an Kreativität mangele. Die Firmenleitung setzte ein Psychologenteam ein. Es sollte herausfinden, worin sich die wenig kreativen Mitarbeiter von den kreativen unterschieden. Nach drei Monaten kamen die Psychologen zu dem Ergebnis: Der Hauptunterschied zwischen den kreativen und den weniger kreativen

Mitarbeitern besteht schlicht darin, dass sich die kreativen Leute selbst als kreativ einschätzen, und die weniger kreativen genau das nicht tun.

In dem Begriff „Kreativität“ steckt das Lateinische „creare“, das übersetzt „erschaffen oder hervorbringen“ meint. Der Brockhaus definiert Kreativität als „schöpferisches Vermögen, das sich im menschlichen Handeln und Denken realisiert und einerseits durch Neuartigkeit oder Originalität gekennzeichnet ist, andererseits aber auch einen sinnvollen und erkennbaren Bezug zur Lösung technischer, menschlicher und sozialpolitischer Probleme aufweist“. Kreativität ist also schöpferisches Vermögen, und dieses Vermögen baut auf fünf grundlegenden Säulen für die Schaffung neuer Verhältnisse, Ereignisse und Erfahrungen auf:

1. Statusanalyse (Bestandsaufnahme};
2. (Selbst-)Kritikphase;
3. Problemlösung durch Brainstorming und Ideensuche;
4. Konkrete Planung;
5. Realisationsphase und Umsetzung.

Die *Statusanalyse* beschäftigt sich mit dem, was ist, und führt all die Punkte auf, die erkennbar und belegbar sind. Die Bestandsaufnahme ist das Weglassen von Bewertung und Interpretation; sie macht die Problemlage bewusst. Die *Kritikphase* beleuchtet die Bedingungsfaktoren, die zur Problemlage geführt haben; sie fokussiert die *persönliche, sach- und fachbezogene Betrachtung* und bewegt sich zunächst auf der Ebene der *Selbstkritik,* die das eigene Denken, Fühlen und Handeln hinterfragt. Dies ist der erste Schritt zur gezielten Selbststeuerung. Die sachliche Auseinandersetzung befasst sich mit der logischen Abfolge von Prozessen, die zum Problem geführt haben, während das Fachliche das für die Umsetzung Erforderliche kennzeichnet. Beruhend auf empirischen Erkenntnissen, die in der Ausbildung oder im Studium erlernt worden und praxiserprobt sind.

Mit dem dritten Schritt beginnt der kreative Entwicklungsprozess, der die Ergebnisse und Schlussfolgerungen der ersten zwei Schrittfolgen bei der Lösungsfindung einbezieht; er ebnet den Weg zur Lösung und zeigt mögliche Ziele auf. Dies geschieht durch ein freies Fließen der Gedanken in Form eines *Brainstormings,* welches alle nur denkbaren Lösungswege zulässt, unabhängig von der Realisierbarkeit. Es folgt dem Grundsatz, dass das, was gedacht werden kann, auch verwirklicht werden will. Die Auffassung, dass eine Idee „sowieso nicht finanzierbar sei", tötet letztlich den kreativen Prozess, ebenso die „Ja, aber"- und „Das geht sowieso nicht"-Einstellung. Es gilt in dieser Phase das gedankliche Überschreiten von Grenzen und Systemen, nämlich etwas möglich zu machen, was beim ersten Blick als unmöglich betrachtet wird. Aus den im Brainstorming-Verfahren erarbeiteten Ergebnissen wird die praktische Herangehensweise zur Lösung herausfiltriert und entschieden. Dabei genügt nur ein Lösungsweg von zum Beispiel zehn Gedankenentwürfen – möglicherweise sogar als Königsweg. Es folgt die *konkrete Planungsphase,* die den Inhalt mit den Ressourcen in Einklang bringen soll. Mit welchen finanziellen Mitteln, mit welchem Personal, und in welcher Zeit soll das Ziel verfolgt werden? Danach wird die *Realisations- und Umsetzungsphase* eingeleitet. Zusammengefasst haben wir es hier mit einem geschlossenen System zu tun, das als Kreislauf zu verstehen ist, denn nach der Verwirklichung folgt erneut die Situationsanalyse.

Ein Beispiel aus der Kindergartenpraxis:

Die Belegungszahlen des AWO-Kindergartens „Regenbogen" in Harnburg (Namen geändert) sind um 18 Prozent gesunken und damit auch das Budget, sodass sämtliche Ausgabenpositionen hinterfragt werden müssen. Die Kindergartenleiterin reagiert sofort und lädt zu einer Krisensitzung ein: das Kindergarten-Team, die ElternvertreterInnen der vier Gruppen und zwei Vertreter des Trägervereins Arbeiterwohlfahrt. Alle Beteiligten werden über die Lage informiert:

1. *Statusanalyse:* Die Belegungskapazität des Kindergartens ist mit 82 Prozent nicht voll ausgeschöpft. Seit zwei Jahren besteht keine Warteliste mehr. Aufgrund der bisherigen Nachfragepraxis von durchschnittlich 98 Prozent des Jahreshaushalts, konnte das Jahresbudget auf Basis von 95 Prozent der Belegungen aufgestellt werden. Der erwirtschaftete dreiprozentige Jahresüberschuss wurde zum Teil für Sonderprojekte und -veranstaltungen angelegt, zum Teil wurde eine Rücklage gebildet. Diese Rücklage kompensiert den Einnahmeausfall von nur vier Monaten.

2. *Kritikphase:* Das Team, insbesondere die Leiterin, stellt selbstkritisch fest, dass nach dem Zeitpunkt, nach dem keine Warteliste mehr bestand, nicht reagiert worden ist. Die MitarbeiterInnen sind davon ausgegangen, dass sich die Nachfrage nach Kindergartenplätzen wieder regulieren würde. Die Nachfragesituation in umliegenden Kindergärten (Marktbeobachtung) wurde ebenfalls nicht eruiert, wenn nicht ignoriert. Die Nachfrageentwicklung wurde nicht genau hinterfragt; sachdienliche Hinweise wurden nicht herangezogen. Der Kindergarten erfährt von den Kindern und von den Eltern durchweg positive Rückmeldungen über die geleistete elementarpädagogische Arbeit; er hat allerdings seine fachbezogenen Aufgaben im Blick auf die Weiterentwicklung der Konzeption, die seit acht Jahren unverändert ist; im Hinblick auf das Marketing, das die Öffentlichkeitsarbeit, die Werbung und die direkte Ansprache der Eltern im Stadtteil meint, und im Hinblick auf das Controlling des Personals und des Budgets, das die Ausgabenpositionen den neuen Erfordernissen anpassen muss und dem Gebot der Sparsamkeit zu entsprechen hat, vernachlässigt. Diese Kritikphase eröffnet weitgehend ein objektives Bild der Selbstkritik, der sach- und fachbezogenen Kritik.

3. *Problemlösung durch Brainstorming und Ideensuche:* Die festgehaltenen Ergebnisse zur Bestandsaufnahme und zur Kritikphase finden allgemeine Zustimmung. Auf Schuldzuweisungen wird verzichtet, weil diese aufgrund der aktuellen Situation nicht weiterhelfen und wegen des ohnehin großen Engagements des

gesamten Teams. Alle Beteiligten werden nun aufgefordert, nach Lösungen zu suchen: Ideen sind gefragt, und zwar unabhängig von der Realisierbarkeit. Im Rahmen der Moderatorenmethode werden alle aufgefordert, ihre Ideen auf Karten einzutragen. Den roten Faden bilden drei Themenbereiche: „Personalentwicklung", „Organisation", „Haushaltskonsolidierung und -verbesserung", wobei die Budgetfrage alle Bereiche betrifft. Folgende Stichpunkte, Anregungen oder Ideen werden gesammelt:

- Verbesserung der Vertretungsregelung durch zusätzliche Kräfte.
- Mitarbeitergespräche und -beurteilung, Leistungsfeedback.
- Stringente Planung der Teamgespräche.
- Ergebnis- und handlungsorientierte Besprechungen (Dienst- und Elternversammlungen, trägerbezogene Treffen);
- Mehr zeitliche Freiräume für den/die Kindergarten-Leiterin.
- Benchmarking und Know-how-Transfer durch verstärkte Kindergarten-Vernetzung, Fachaustausch, gezieltes Auswerten von Fachbeiträgen und die Einführung einer Weiterbildungsplanung für die MitarbeiterInnen.
- Nutzung von personellen Überkapazitäten von anderen Kindergärten, die in Notsituationen aushelfen im Sinne des Gebens und Nehmens.
- Einstellung von MitarbeiterInnen, die im Rahmen von HZA (Hilfe zur Arbeit) und/oder im Rahmen von „Ein-Euro-bezahlte Arbeit" vom Sozialamt der Stadt finanziert werden können. Der Vorteil ist auf beiden Seiten ersichtlich: Die neuen Kräfte kommen in den Arbeitsprozess, sie qualifizieren sich auf den jeweiligen Aufgabenebenen und erfahren wieder Sinn.

- Stärkere Einbindung des Trägervorstandes in die Kindergarten-Arbeit; laufender Austausch von Informationen.
- Stärkere Hinwendung zum Delegationsprinzip, vermehrte Übernahme von Verantwortung und Durchforstung der Aufgabenwahrnehmung.
- Verbesserung des in- und externen Informationsflusses, vor allem durch das interne Veröffentlichen von erfolgreicher Gruppen- und Projektarbeit bis hin zu übergreifender Gruppentätigkeit und der Darstellung positiver Arbeitsergebnisse für die Eltern, Besucher und die umgebende Öffentlichkeit.
- Prüfen der Kindergarten-Organisation im Hinblick auf Servicequalität und -verbesserung.
- Durchforsten des Etats nach Einsparpotenzialen, z. B. durch mehr Kostenbewusstsein beim Einkauf von Sachmitteln und Verbrauchsmaterialien.
- Investition in der Büro-, Verwaltungs- und Projektorganisation: Anschaffung von leistungsgerechter PC-Hard- und Software zur mittelfristigen Einsparung von Kosten.
- „Gobal-Einkauf" von Verbrauchsmaterialien im Zusammenwirken mit den anderen befreundeten AWO-Kindergärten und benachbarten Kindergarten-Einrichtungen.
- Einsparungen bei den Personalkosten.
- Hereinholen von materiellen und finanziellen Spenden durch Gründung eines Förderkreises und durch gezielte Förderveranstaltungen (z. B. Kleidermarkt und Flohmarkt).
- Verstärkung der Öffentlichkeitsarbeit und der Werbung.

Die Stichpunkte und Ideen werden intensiv diskutiert und auf ihre Realisierbarkeit hin geprüft, auch in der Richtung, dass notfalls Personalkosten eingespart werden müssen. Es folgt ein

Entscheidungsprozess, der insbesondere eine Abstimmung erforderlich machen kann, aber nicht muss, und der die Strategie für die konkrete Planung festlegt.

4. *Konkrete Planung:* Die Planungsphase wird zunächst auf vier Monate ausgerichtet, also den Zeitraum, in dem die Finanzierung des Unternehmens „Kindergarten" gesichert ist. Alle sind sich darin einig, dass zunächst nicht an den Personalkosten eingespart werden soll und darf! Dahinter steht die Feststellung, dass die qualitätsvolle Kindergarten-Arbeit nicht eingeschränkt werden darf und dass die Kindergarten-Leistungen gesichert bleiben müssen. Es wird sodann ein Stufenplan bzw. eine Strategie entwickelt: Ziele sind die finanzielle Absicherung des Kindergartens, die Erhaltung des Personalbestands und die Erhöhung der Belegungszahlen. Das Erreichen der Ziele ist nur möglich, wenn der/die Kindergarten-LeiterIn mehr Zeit zur Verfügung hat und die konkret geplanten Vorhaben realisieren kann, wenn die MitarbeiterInnen bereit sind, mehr Arbeitsstunden für die Lösung der Probleme zu investieren und wenn sich die Eltern und der Träger stärker in diesem Lösungsprozess engagieren.

Die Planung hat folgende Konkretion:

- Der Träger führt Gespräche mit dem Bürgermeister und mit dem Sozialamt.
- Der Träger bindet den AWO-Landesverband in die Lösungssuche ein.
- Der Träger prüft, ob weitere finanzielle Mittel und organisatorische Hilfen für den Kindergarten geleistet werden können.
- Der/die Kindergarten-LeiterIn nimmt Verbindung zu den AWO- und anderen Kindergärten auf und prüft eine ressourcenoptimierte Nutzung.
- Der/die Kindergarten-LeiterIn prüft umgehend Einsparpotenziale im Etat, Synergieeffekte bei „Kindergarten-Verbundeinkauf" und Personaleinsatz.

- Der/die Kindergarten-LeiterIn überprüft die Vertretungs- und Urlaubsregelungen auch unter Einbezug engagierter Eltern.
- Der/die Kindergarten-LeiterIn und das Team bereiten Veranstaltungen vor, die zu zusätzlichen Einnahmen und Spenden führen.
- Der/die Kindergarten-LeiterIn sorgt für die Umsetzung des Oualitätssicherungsverfahrens, das insbesondere die Leistungsüberprüfung der KollegInnen beinhaltet.
- Der/die Kindergarten-LeiterIn sorgt für die Gründung eines Fördervereins oder einer Förderinitiative.
- Der/die Kindergarten-LeiterIn aktiviert die engagierten Elternteile, die sie bei der Umsetzung der Ziele fach- und sachlich unterstützen (können).
- Der/die Kindergarten-LeiterIn prüft die moderate Erhöhung der Kindergartenbeiträge.
- Der/die Kindergarten-LeiterIn sorgt für den Informationsfluss im Team, bei den Eltern und beim Träger.
- Der/die Kindergarten-LeiterIn, das Team und der Träger intensivieren die Öffentlichkeitsarbeit und die Werbung. Sie vergibt gezielt die Arbeitsaufträge und koordiniert die Aktivitäten.
- Alle Beteiligten treffen sich einmal im Monat zu einer Sitzung, um die Ergebnisse vorzustellen, zu diskutieren und um neue Strategien zu entwickeln und zu entscheiden.

5. *Realisierungs- und Umsetzungsphase:* Anhand des Stufenplans werden die einzelnen Schritte der Umsetzung abgearbeitet. Dies geschieht durch eine Checkliste, die auch Unwägbarkeiten einbezieht, also Ereignisse, mit denen nicht gerechnet werden konnte oder die neues Handeln erfordern. Das hier dargestellte Handlungsinstrumentarium wurde in der PRAXIS durchgeführt und dies mit Erfolg. Was hat diesen Erfolg

bewirkt? Zunächst haben alle Kindergarten-Beteiligten an einem Strang gezogen, geleitet von der Erkenntnis, dass derjenige, der allein arbeitet, nur addiert, aber diejenigen, die zusammenarbeiten, multiplizieren. Mit dem erfolgreichen Wirken sind Eigenschaften verbunden, die für eine kreative Lösung der Probleme notwendig sind und vorausgesetzt werden müssen. Wenn Sie also, liebe/r LeserIn, erfolgreich und kreativ Probleme lösen wollen, dann unter folgenden Attributen:

- (Selbst-)Vertrauen im Tun;
- Durchhalte- und Durchsetzungsvermögen;
- Einsichtig sein;
- Fehlertoleranz;
- Flexibilität;
- Ganzheitliche Betrachtung;
- Gespür für Ausnahme und Regel;
- Initiative ergreifen;
- Keine Vorurteile haben;
- Konflikte vertragen und lösen können;
- Liebe für Details;
- Lösungs- und handlungsorientiertes Denken;
- Neugier;
- Nicht vorschnell urteilen;
- Offensein und Aufrichtigkeit;
- Optimismus und aufbauendes Denken;
- Prozesse, nicht Zustände, regulieren;
- Risikobereitschaft und Mut;
- Selbstbewusstsein;

- Vernetzt denken;
- Vorstellungsvermögen;
- Zuversicht.

Ein Unternehmen „Kindergarten" ist nur so stark wie die in ihm wirkenden Kräfte und insoweit die erforderlichen Mittel den Kräften zur Verfügung gestellt werden. Dieses grundlegende und vor allem gelebte Grundverständnis macht Kräfte frei und sichert den Zusammenhalt des Kindergartens. Entscheidend ist jedoch die Einstellung und Haltung der kreativen Persönlichkeit, die Marc Aurel treffend darstellt: *„Betrachte einmal die Dinge von einer anderen Seite, als du sie bisher sahst. Das heißt: Ein neues Leben beginnen!"* oder nach meiner Überzeugung wird dies von der folgenden Vorstellung geleitet: *Wer etwas will, sucht Wege; wer etwas nicht will, sucht Gründe!*

Was macht den Kreativen oder die Kreative aus? Oder ich frage Sie direkt: Sind Sie kreativ? Rudolf Kuhr stellt hierzu fest: *„Gegensätze machen kreativ!"* Kuhr fasste die Untersuchungsergebnisse des Forschers Mihály Csíkszentmihályi (Autor des Bestsellers „Flow" und aktuell „Flow im Beruf") zusammen, die die Frage beantworten, wie besonders kreative Leute leben und arbeiten. Sein Resultat vorweg: Sie vereinen gegensätzliche Charaktereigenschaften in sich und zeichnen sich durch folgende Merkmale aus:

1. Kreative Leute strahlen viel Energie, aber auch Ruhe aus. Sie können stundenlang intensiv und mit großer Konzentration an einer Sache arbeiten, um dann völlig „abzutauchen" und eine Weile gar nichts zu machen.

2. Kreative Leute sind oft raffiniert und naiv zugleich, sie denken abwechselnd konvergent und divergent. Konvergentes Denken beinhaltet die Lösung genau definierter Probleme mit einer konkreten Antwort. Divergentes Denken bedeutet eine Sache von verschiedenen Standpunkten aus zu betrachten und mit ungewöhnlichen Assoziationen neue Ideen zu entwickeln.

3. Kreative Menschen kombinieren Spielerisches mit Disziplin, Verantwortungsgefühl mit Laisser-faire. Sie strahlen oft eine gewisse Wurstigkeit und Sorglosigkeit aus, arbeiten in Wirklichkeit jedoch meist hart.

4. Kreative pendeln zwischen Fantasie und einer bodenständigen Sicht der Realität. Grund: Mit der Zeit erkennt man, dass in dem, was uns auf den ersten Blick fremd erscheint, eine tiefe Weisheit steckt.

5. Kreative Leute sind demütig und stolz zugleich. Sie haben großen Respekt vor den Meisterwerken anderer. Gleichzeitig wissen sie aber sehr wohl, was ihre eigene Leistung wert ist.

6. Kreative Leute überwinden starre Geschlechterrollen. Das bedeutet, dass ein Mann nicht nur dominant und hart sein kann, sondern auch einfühlsam und gefühlvoll. Kreative Frauen sind oft tollkühn, durchsetzungsstark und promiskuitiv – Eigenschaften, die traditionell eher Männern zugeschrieben werden.

7. Kreative Menschen sind rebellisch und konservativ. Die Tradition mit ihren verbürgten Erkenntnissen dient als Basis, von der aus Neuland entdeckt werden kann. Wer nur der Tradition verhaftet ist, wird ebenso wenig Bahnbrechendes entdecken wie derjenige, der ständig auf der Suche nach etwas Neuem alles Alte über Bord wirft.

8. Kreative Leute sind oft sehr überzeugt von ihrem Tun, können ihrem Werk aber durchaus auch objektiv und kritisch gegenüberstehen.

9. Kreative Leute leiden ebenso intensiv wie sie genießen. Zum Beispiel leidet ein Dichter, wenn sein Werk öffentlicher Kritik ausgesetzt ist. Gleichzeitig erfüllt ihn die Freude, auf seinem geliebten Gebiet etwas geschaffen zu haben, was andere Menschen erregt – und sei es zur

Ablehnung. Ein verkanntes Genie ist immer noch besser als keines.

10. Sinn des kreativen Lebens ist die größtmögliche Entfaltung und Vervollkommnung der eigenen Persönlichkeit in größtmöglicher Harmonie und Verbundenheit zu unserer Mitwelt.

Der Kreative schaut nach vorn, denkt perspektivisch und findet Lösungen, er weiß um die Erkenntnis von Rupert Bay, der sagte: *„Wer ständig in den Rückspiegel des Lebens statt nach vorn schaut, muss sich nicht wundern, wenn er auffährt."* Für das Unternehmen allgemein, aber für den Kindergarten im Besonderen macht der amerikanische Unternehmer Walter Staples am Beispiel Service diese Dimension klar: *„Service ist eine Funktion unserer Kreativität, unseres Einfallsreichtums, unserer Bereitschaft und unserer Fähigkeit, die Wünsche und Bedürfnisse der anderen Menschen zu erfüllen."*

10 Übungen zur Entwicklung der persönlichen Strategie: Bewusst machen – Standort bestimmen – verändern

1. „Fortschritt ist, wenn wir nicht mehr weiterwissen!" Glauben Sie, dass diese Aussage richtig und der Beginn dafür ist, kreative Prozesse in Gang zu setzen? Nehmen Sie Beispiele aus Ihrem Leben, und betrachten Sie eingehend die Situationen, in denen Sie nicht mehr weiterwussten!
2. Sind Sie ein kreativer Mensch, der Probleme lösen und neue Wege der Lösung konstruieren und realisieren kann? Beschreiben Sie Ihre kreativen Merkmale und Charaktereigenschaften, und geben Sie hierzu Beispiele!
3. Beschreiben Sie Ihre Kreativpotenziale anhand der hier vorgegebenen Beispiele (bitte kreuzen Sie entsprechend an):

- Berichte und Protokolle schreiben
- Blumen arrangieren
- Briefe schreiben; Texte verfassen
- Freizeit gestalten
- Geselligen Umgang pflegen
- Kinder begeistern und anregen
- Kleidung auswählen
- Kochen
- Kontakte/Beziehungen aufnehmen und pflegen
- Manuelles Gestalten, basteln
- Methodisch variabel arbeiten
- Musizieren
- Natur erkunden und erfahren
- Personenbezogene Konflikte lösen
- Projektarbeit
- Psychomotorik
- Reparaturen im Kindergarten, im Haus und in der Wohnung durchführen
- Sachbezogene Konflikte lösen
- Sitzungen und Versammlungen leiten
- Spiele durchführen
- Theater inszenieren
- Veranstaltungen planen und organisieren
- Verhandlungen führen

weitere Angaben:

☐ ____

____

☐ ____

____

4. Sie sehen neun Punkte. Ihre Aufgabe ist es, diese neun Punkte mit vier Linien zu verbinden, ohne den Stift dabei abzusetzen! Denken Sie über die Systemgrenze hinaus!

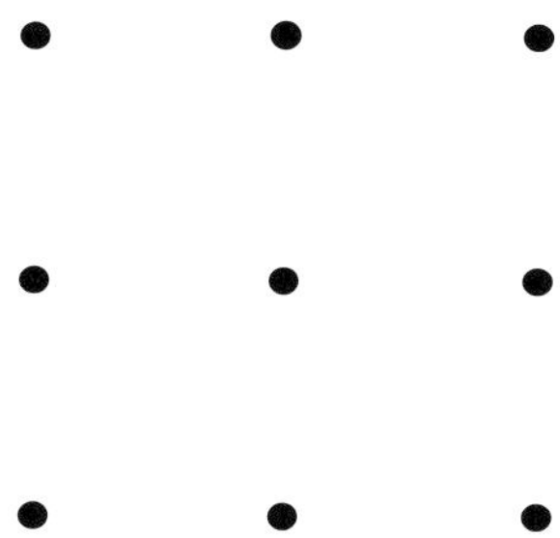

5. „Wir selbst müssen die Veränderung sein, die wir in der Welt sehen wollen", sagt Mahatma Gandhi, der darauf hinweist, dass jede Veränderung bei der Person selbst angelegt ist. Welche Veränderungsstrategien haben Sie, oder was tun Sie, um neue Erfahrungen im privaten und beruflichen Bereich zu machen?

6. Führen Sie ein Kreativitäts-Tagebuch, und verfahren Sie nach folgen der Struktur:

   - Entwickelte Idee oder Veränderungsvorschlag
   - Erfolge und Misserfolge
   - Schwierigkeiten
   - Widerstände

7. In welchen Situationen entwickeln Sie Ihre kreativen Ideen bzw. welche Situationen inspirieren Sie, neue Lösungen für Ihre privaten und beruflichen Probleme zu finden? Die Inspiration kann aus jedem beliebigen Lebensbereich kommen, zum Beispiel durch Entspannung oder Bewegung. Mozart inspirierte sich beim Billardspielen: Er sah dem Verlauf und dem Spiel der Kugeln zu und lauschte den wechselnden Rhythmen und Klangmustern, die von den Billardkugeln ausgelöst wurden, wenn sie an die Bande oder auf andere Kugeln stießen. Hieraus entwickelte er neue Ideen für seine Klang- und Musikschöpfungen. Machen Sie sich Ihre Kreativphasen bewusst, und entwickeln Sie Ihre kreativen Zeitpunkte, die Sie sich regelmäßig einrichten!
8. Entwickeln Sie gelegentlich neue elementarpädagogische Arbeitsmethoden, und probieren Sie diese aus? Geben Sie hierfür Beispiele an, oder begründen Sie, warum Sie Ihre Arbeit wie immer machen, vielleicht aus der Grundhaltung heraus „Das habe ich schon immer so gemacht".
9. Bringen Sie Veränderungsvorschläge in die organisatorische, pädagogische und personelle Kindergarten-Arbeit in Ihrem Team ein?
10. Was tun Sie für die Kreativitätsförderung Ihrer Gruppenkinder, Ihres Teams, der Eltern?

Das hilft Ihnen: 10 Empfehlungen für das Prinzip der Kreativität

1. Die Gestaltung der (Gruppen-)Räume kann zum kreativen Tun anregen; sie kann ein positives Lernumfeld schaffen, das zu neuen Ideen anregt. Beteiligen Sie die Kinder an der Gestaltung, und lassen Sie durchaus einmal auf Sie zunächst nicht funktional wirkende Veränderungen zu!

2. Methodenvielfalt und Variation im Handeln schaffen Aufmerksamkeit, Konzentration und Hingabe und fördern das kreative Denken und Fühlen. Finden Sie die Situationen heraus, die Sie für den kreativen Prozess, für die kreative Auseinandersetzung inspirieren, dies kann zum Beispiel Bewegung (z. B. Spaziergänge, Laufen usw.) sein, die Ihre Gedanken und Stimmung stimulieren.
3. Nutzen Sie das Brainstorming als Ideen- und Kreativschmiede, die vor allem den Austausch unter KollegInnen und Freunden fördert, die Freude, gar Lust am Lernen auslöst und in diesem Prozess Neues und Veränderungen hervorbringt: „Nicht aus Büchern, sondern durch lebendigen Ideenaustausch, durch heitere Geselligkeit müsst ihr lernen", stellte schon Johann Wolfgang v. Goethe in diesem Zusammenhang treffend fest.
4. Wir denken in Bildern und „malen" uns unsere Weit in der Vorstellung und in unseren Träumen aus. Eröffnen Sie ab heute Ihr „Kopfkino", schreiben Sie Ihr Drehbuch, und malen Sie sich die Szenen in den schönsten und bunten Bildern aus. Dann setzen Sie Ihren Film nach und nach in die Realität um und machen sich klar: Sie sind der Regisseur, der die Szenen wiederholen und verändern kann. So bilden Sie Ihre Vorstellungskraft aus, so verbessern Sie Ihr Imaginationsvermögen und so wird das Produkt, also das Umsetzen lebendig. „Die Gestaltungskraft liegt im Bilde!"
5. Entwickeln Sie Mut und Risikobereitschaft, einfach aus der Erkenntnis, dass Neues nur dann entstehen kann, wenn etwas Neues auch ausprobiert wird. Verstehen Sie diesen Prozess als eine Entdeckungsreise zu sich selbst und zu den Verhältnissen, als Spiel und Abenteuer vor dem Hintergrund eines verantwortungsbewussten Gestaltens. Machen Sie sich klar, dass Sie ausgetretene Pfade verlassen müssen, um Veränderung zu erfahren, denn wenn Sie so weitermachen, wie bisher, wird alles so laufen wie bisher!

6. Lust verkürzt den Weg zur erfolgreichen Tat. Sie ist Selbststimulation für das alternative Handeln, für die Entwicklung von neuen Ideen und der Motor der Motivation. Unlust bewirkt genau das Gegenteil und hat für die Kindergarten-Arbeit weitreichende Konsequenzen, die das Arbeitsklima im Team und die Gruppenarbeit negativ beeinflussen. Verstärken Sie die Tätigkeiten, die Ihnen Freude bereiten, füllen und ergänzen Sie diese Tätigkeiten mit neuen Ideen! Machen Sie aus der gewohnten Umgebung ein Ereignis, als sei es neu. Vor diesem Hintergrund sehen Sie auch die Aufgaben, die Sie ungern wahrnehmen, in einem neuen Licht! Spielen Sie die Routineabläufe, als sei dies das erste Mal, denn das ist der Stoff, aus dem neue Erfahrungen entstehen.

7. „Kreativität heißt, aus dem Chaos Ordnung zu schaffen", erklärt der österreichische Journalist Georg Stefan Trailer und meint damit, dass die Effizienz die Voraussetzung für Ästhetik, für kreatives, fantasievolles Arbeiten ist. Effizienz verlangt nach Struktur und Ordnung in den Gedanken und im Tun. Effizienz bedeutet nichts anderes, als die Dinge richtig zu tun. Ist dieser Prozess geklärt und realisiert, bestehen Möglichkeiten des „Darüber-hinaus-Gestaltens"!

8. Sprengen Sie die private Routine. Sammeln Sie dafür Ideen. Entfernen Sie sich von „grau", werden Sie „farbig". Entwickeln Sie für jede Woche des Jahres die Überraschung der Woche.

9. Entwickeln Sie eine neue, positive Sprache. Entfernen Sie negative, defensive Begriffe und Formulierungen aus Ihrem Sprachschatz. Trennen Sie sich vom Konjunktiv: „Du hättest, wir hätten, man hätte!" Gehen Sie über zu: „Wir werden!"

10. Lassen Sie sich Ihre „Zusammen-Lebensqualität" nicht ständig durch Ärger beeinträchtigen. Erregen Sie sich

nicht wegen jeder Kleinigkeit. Fallen Sie nicht auf jede Ärgermöglichkeit herein. Handeln Sie nach dem Grundsatz: „Ärger" beginnt mit „Ä" wie „ändern"!

Zusammenfassung

- Das Prinzip der Kreativität ist die zentrale Strategie der Motivation, um neue (Problem-)Lösungen zu entwickeln.
- Kreativität ist unmittelbar verbunden mit Schöpferkraft und Veränderung. Sie ist Mittel und Vitamin für eine positive Lebensgestaltung. Sie schafft neue Lebenserfahrungen und führt aus dem Gewohnheitstrott heraus.
- Der kreative Mensch vereint die Eigenschaften der Zuversicht, des positiven Denkens, des Mutes, der Risikobereitschaft, der Fehlerakzeptanz und Fehlertoleranz, der Experimentierfreude, der Abenteuerlust, der Neugierde, der Flexibilität, der fantasievollen Vorstellungskraft, der Handlungsfähigkeit und der Veränderungsbereitschaft.
- Der kreative Umsetzungsprozess erfolgt in fünf zentralen Schritten: 1.) Statusanalyse und Bestandsaufnahme; 2.) (Selbst-)Kritikphase; 3.) Problemlösung durch Brainstorming und Ideensammlung; 4.) konkrete Planungsphase und 5.) Realisation und Umsetzung. Diese Herangehensweise macht deutlich, dass kreatives Denken und Handeln erlernbar ist.
- In jedem Menschen wohnt ein kreatives Potenzial, das von innen heraus und von äußeren Impulsen geweckt werden kann.
- Kreative Menschen kennen den Wechsel der Blickrichtung, sie verlassen ausgetretene Pfade und haben die Fähigkeit, gegen den Strom zu schwimmen.

- Die mentale Fähigkeit der Imagination und der bildreichen Vorstellungskraft fördert die Kreativität. Sie verknüpft Bekanntes mit Unbekanntem und setzt neue Maßstäbe. Aus einem Denkpuzzle erwächst eine neue Struktur und Ordnung. Sie vertraut dem Wechselspiel von Chaos und Ordnung und versteht sich nach Friedrich Nietzsches formuliertem Grundverständnis: „Man muss noch Chaos in sich haben, um einen tanzenden Stern gebären zu können."
- Kreative vereinigen Sachlichkeit und Verrücktheit, Niedergeschlagenheit und Aufbruch, Einzigartigkeit und Vielfalt, Dunkelheit und Licht – zusammengefasst folgen sie dem Prinzip der Polarität: Gegensätze machen kreativ!
- Kreative Leute besitzen Ausstrahlung, sie wirken charismatisch aufgrund ihrer positiven Grundhaltung, die perspektivisch ausgelegt ist. Sie sind „Stehaufmännchen", die letztlich in jeder Niederlage auch einen Gewinn sehen und die Lösung von schwierigen Problemen als Herausforderung betrachten. Kreative Menschen stecken an zum Mitmachen und Mitgestalten, sie bringen Freude, und wenn sie den Raum betreten, ist es gerade so, wie wenn man eine Lampe hereingebracht hätte. Sie gleichen einem Fallschirm, der nur dann „funktionieren" kann, wenn er offen ist. Die geistige Öffnung des Fallschirms ermöglicht den Transfer von Informationen, Feedback, Partizipation und Hilfsbereitschaft.
- Der Kreative hat grundsätzlich ein positives Menschenbild, was nicht heißt, die schwierigen Seiten oder etwa das schädigende Verhalten der menschlichen Umwelt zu ignorieren. Er nimmt diese Aspekte uneingeschränkt zur Kenntnis und kann trotzdem den Entschluss fassen, sich auf das Positive zu konzentrieren. Er betrachtet negatives Verhalten oder negative Charakterzüge als Freund, und betrachten zwei Freunde solche schwierigen Dinge,

verstehen sie es, Seite an Seite zu stehen und erst vor diesem Hintergrund ist das Entstehen, Entwickeln und Umsetzen von kreativen Prozessen möglich.

- Der wahre kreative Mensch folgt der Vorstellung: „Wenn du weitermachst wie bisher, wird alles so laufen wie bisher!" und damit seiner Fähigkeit, Grenzen zu überschreiten. In ihm ist die Fähigkeit angelegt, die Ketten der Gewohnheit zu sprengen und völlig neue Handlungen auszulösen. Dahinter stecken ein starker Wille, Disziplin und Konzentration, dahinter steckt das Bestreben zur Persönlichkeitsentfaltung.

Meine Diamanten

Ich halte folgende drei Punkte fest, die mir zum *Prinzip der Kreativität* besonders wichtig sind:

1. --

2. --

3. --

Prinzip der Liebe

> ***Die Liebe***
>
> *ist langmütig und freundlich.*
> *Sie kennt keinen Neid, keine Selbstsucht.*
> *Sie prahlt nicht und ist nicht überheblich.*
> *Liebe ist weder verletzend*
> *noch auf sich selbst bedacht,*
> *weder reizbar noch nachtragend.*
> *Sie freut sich nicht am Unrecht,*
> *sondern freut sich, wenn die Wahrheit siegt.*
> *Diese Liebe erträgt alles,*
> *sie glaubt alles, sie hofft alles*
> *und hält allem stand.*
> *DIE LIEBE HÖRT NIEMALS AUF!*
>
> ***1. Korinther 13***

> *„Den Sinn erhält das Leben einzig durch die Liebe. Das heißt: Je mehr wir zu lieben und uns hinzugeben fähig sind, desto sinnvoller wird unser Leben."*
>
> ***Hermann Hesse***

Kein Gefühl bestimmt unser Leben so sehr wie die Liebe. Die Liebe ist ein zartes Pflänzchen, das gepflegt werden will; es verlangt einen gesunden Nährboden, der mit Zuneigung, Anerkennung und Würde gespeist ist; es verlangt eine regelmäßige und ausreichende Wasserzufuhr oder Lebensnahrung, denn mit einem Zuwenig vertrocknet und mit einem Zuviel verendet bzw. verelendet das Pflänzchen. Es braucht einen geschützten Ort, weil Geborgenheit und Sicherheit den lebenserhaltenden Schutz- und Schonraum bieten, und es braucht genügend Sauerstoff, nämlich die Luft zum Atmen, die Freiraum und individuelle Entfaltung möglich macht. Das russische Sprichwort erklärt das zarte Pflänzchen „Liebe" sinnbildlich schön: *„Liebe ist wie ein Glas, das zerbricht, wenn man es zu unsicher oder zu fest anfasst."*

Wir alle sehnen uns, mehr vielleicht als nach allem anderen, nach Liebe und nach liebevollen Beziehungen. Wir alle suchen nach der einen ganz besonderen Beziehung. Doch was ist der Grund dafür, dass wir heute so viele Single-Haushalte, also allein lebende Personen, wie noch nie zu verzeichnen haben; Personen, von denen sich die meisten nach einer Partnerschaft und engen Beziehung sehnen – suchend und hoffend nach enger Zweisamkeit. Weshalb verzeichnen die Scheidungsraten Jahr für Jahr neue Rekorde, die zu sogenannten Patchwork-Familien führen oder zu alleinerziehenden Müttern und Vätern? Warum steigt die Zahl der Mobbingfälle in den Betrieben und Unternehmen, warum wächst die Zahl der depressiven Menschen, die im Jahr 2003 insgesamt 10 Prozent der Gesamtbevölkerung ausmachten, das sind 5,7 Millionen Frauen und 2,4 Millionen Männer; und warum hat Stress Hochkonjunktur? Sind Sie selbst, liebe/r LeserIn, von dieser Entwicklung betroffen? Sicher ist, dass Sie im privaten Bereich und im Rahmen Ihres Kindergarten-Umfelds Menschen begegnen, die von der einen und/oder anderen schwierigen Lebenssituation betroffen sind. Investieren Sie jetzt etwas Zeit, um die Fragen, die auch die Ihrigen sein könnten, zu beantworten. Forschen Sie nach den Gründen, und suchen Sie nach Lösungen, die Sie oder Ihr Umfeld aus der Problemlage herausführen (können). Zu diesem Komplex beantworten Sie schließlich die zentrale Frage: „Glauben Sie, dass die hier dargestellte Situation das individuelle und kollektive Verhalten im Beruf beeinflusst; glauben Sie, dass dadurch Ihre berufliche wie private Leistungsfähigkeit beeinträchtigt wird?"

An dieser Stelle soll und kann keine ausführliche, gar befriedigende Klärung der oben aufgeworfenen Fragen stattfinden. Die von mir angeregte Auseinandersetzung soll nur sensibilisieren, bewusst machen und auslösen: Selbstreflexion, Reflexion und Verhalten. Festzustellen aber bleibt die anwachsende Beziehungsunfähigkeit, die sukzessive überzugehen scheint in Beziehungslosigkeit. Die Menschen wollen und suchen Kontakt, doch scheitern sie daran, Beziehungen dauerhaft aufzubauen und zu pflegen. Das Scheitern ist im Besonderen darin begründet, dass sie es nicht schaffen, zu sich selbst Kontakt aufzunehmen und herauszufinden, wie Sie das eigene Lebens- und Selbstverständnis mit dem Umfeld kompatibel gestalten können.

Die Menschen wollen Bindung, aber nicht gebunden werden, und genau darin scheint sich das allgemeine Dilemma zu offenbaren: Die individuelle oder persönliche Anspruchshaltung und Erwartung dem Leben gegenüber ist mit der partnerschaftlichen und gesellschaftlichen Realität weder vereinbar noch in Einklang zu bringen. Der Schlüssel für ein erfolgreiches, ausgeglichenes Selbst, das unbedingte Voraussetzung ist für ein gelungenes Miteinander, ist die „Selbstklärung"; in diesem Zusammenhang ist der berühmte Spruch am Tempel des Delphi zu verstehen: „Erkenne dich selbst!" Wichtige, wenn nicht entscheidende Hinweise zur Selbstklärung geben der Abschnitt „Prinzip der Lebenswerte" und vor allem das vierte Kapitel über das Self-Coaching.

Das Prinzip der Liebe ist gegenüber all den hier dargestellten Prinzipien die wichtigste von innen herauswirkende als auch nach außen strahlende Motivation, sich verstehen zu lernen, mit sich erfüllend umzugehen und Beziehungen sowie Kontakte erfolgreich zu pflegen. Das gelebte Prinzip der Liebe ist schlichtweg Lebensglück! „Die meisten Menschen wollen ein Glück unter gewissen Bedingungen. Man kann sich aber nur glücklich fühlen, wenn man keinerlei Bedingungen stellt", bringt Arthur Rubinstein das missverstandene Verständnis der wohl meisten Menschen von der Liebe und vom Glück auf den Punkt. Liebe stellt keine Bedingungen;

Liebe hat nichts mit Erwartungen zu tun, und Liebe ist nicht Besitz. Um die Liebe lässt sich weder kämpfen, noch kann sie durch irgendwelche Manipulationen herbeigeführt oder verordnet werden. Der liebende Mensch sieht das Gute im Menschen; er wird geleitet von einem unerhörten Vertrauen in sich selbst und in andere; der liebende Mensch nimmt die Dinge so, wie sie sind, das heißt, er akzeptiert deren Existenz. Er weiß, dass das einseitige Interpretieren, Beeinflussen, Manipulieren, Urteilen und vorschnelle Bewerten Gift sind für das objektive Betrachten und Erschließen. Lieben heißt, sich selbst und andere zu achten und zu würdigen. Liebe ist das volle Vertrauen und Hingabe zu dem, was geschieht. Liebe ist Annahme, sie kommt von Herzen und ist Energiequelle für Glück. Liebe ist Wertschätzung und erst die Wertschätzung bringt Wertschöpfung.

Die meisten Menschen verbinden das Wort „Liebe" in erster Linie mit einer Paarbeziehung und vermischen die übergeordnete Bedeutung mit der körperlichen Liebe (Sexualität). Nicht selten kommt es hierbei zu Verstrickungen der Seele, die die körperliche, womöglich triebgesteuerte Komponente gegenüber dem „Eigentlichen" oder dem wahren „Wesen der Liebe" in den Vordergrund stellt und auf dieser Ebene das Denken und Verhalten beeinflusst. Machen wir uns noch einmal klar, dass Liebe nichts anderes ist als Annahme – Selbstannahme und Annahme des/der PartnerIn und des Mitmenschen, nämlich so, wie er oder sie ist. Es ist die Annahme des Ganzen und der Ganzheit, eben so, wie das Individuum sich darstellt; das Detail, ob es gefällt oder nicht, ist nicht ausschlaggebend. In den Momenten, in denen wir uns an Details des menschlichen Verhaltens oder Dingen reiben, sie gar negativ kritisieren, sind die Beziehung und der Kontakt bereits gestört.

Den Menschen und die Welt so anzunehmen, wie er bzw. sie ist, fällt uns schwer. Und genau an dieser Stelle sollten wir uns fragen: „Welche meiner bzw. unserer Erwartungen werden oder sind nicht erfüllt?", und zumindest den Versuch einer Klärung unternehmen. Genau betrachtet handelt es sich hierbei immer um eine Störung, die in uns selbst angelegt ist. In dem Wort „urteilen" steckt „teilen", und wenn Sie sich, liebe/r LeserIn, dies bewusst machen, werden Sie erkennen, dass das, was Sie stört, eine Störung in Ihnen selbst ist, die nur in dem hier verstandenen Sinn von Liebe aufgelöst werden kann. Theodor Adorno gibt für mich eine der treffendsten und zugleich schönsten Definitionen von Liebe: *„Liebe ist, sich schwach zeigen zu dürfen, ohne Stärke zu provozieren."* Seine Erkenntnis ist für mich das wundervollste Verständnis von Liebe, das ich mir vorstellen kann. Es erlaubt uns, uns so zu geben oder hinzugeben und zu verhalten, wie wir uns empfinden und fühlen; dies dem anderen zeigen zu können und zu dürfen, ohne dass diese Situation ausgenutzt wird. In dieser Weise der verstandenen Liebesbeziehung zu allen Menschen werden unsere vermeintlichen Schwächen angenommen und nicht zum Vorteil anderer missbraucht. Doch leider ist vielen Menschen dieses Verständnis von Liebe verloren gegangen. Das bestätigen meine vielen Supervisionen und Coachings mit den MitarbeiterInnen in den Kindergärten, die sich zum größten Teil mit persönlicher Kritik, Neid, Missgunst intensiv angeprangerten Schwächen anderer befassen. Dies wird zudem dadurch begünstigt, dass hinter dem Rücken von KollegInnen – Sie kennen den Ausdruck – „schlecht geredet" wird. Die Folge sind Mobbingtendenzen und ein schlechtes Betriebsklima. Dahinter verbirgt sich in erster Linie eine persönliche Unzufriedenheit, des Weiteren das Verletzt- und Getroffensein ausgelöst durch unbedachte Worte des Umfeldes; dahintersteckt womöglich die Erkenntnis, dass ein Mensch, der mit seiner Situation nicht fertig wird, die Tendenz aufweist, andere fertigzumachen.

Ein Beispiel aus meiner Supervisionspraxis mag diesen Punkt verdeutlichen: Eine Kindergarten-Leiterin bat mich, die Supervision des Teams zu übernehmen, weil das Betriebsklima sehr schlecht sei. Vor meiner Entscheidung zur Übernahme der Aufgabe führte ich Einzel- und Gruppenbesprechungen durch, die das vergiftete Klima aufgrund von vereinzelten Anschuldigen, Unterstellungen, Ungleichbehandlungen, Verletzungen und Anschuldigungen offenbarten. Es herrschten sogenannte Meinungskoalitionen und eine Grüppchenbildung vor, die eine offene Kommunikation, einen aufrichtigen und ehrlichen Umgang vermissen ließen. Ich übernahm die Moderation und leitete ca. zehn Sitzungen, in denen geäußerte Vorwürfe an die Leitung und an KollegInnen erfolgreich hinterfragt wurden. Zusammengefasst gebe ich folgende Äußerungen wieder, die ich an dieser Stelle nicht weiter kommentieren möchte:

- „Die Gruppen arbeiten nur für sich, es gibt keine gruppenübergreifenden Informationen, Aktionen und Zusammenarbeit."
- „Die Kindergarten-Leiterin bevorzugt Kolleginnen bei der Urlaubsregelung."
- „Die Kindergarten-Leiterin findet nicht den richtigen Ton und wirft einigen Kolleginnen Versagen und Inkompetenz vor!"
- „Die Kindergarten-Leiterin belastet uns zusätzlich mit Aufgaben, die sie selbst übernehmen könnte. Sie delegiert, wo sie nur kann!"
- „Die Kolleginnen kritisieren mein Privatleben und werfen mir vor, dass die Trennung von meinem Partner meine Leistungsfähigkeit beeinträchtigt und ich meine Probleme mit in den Kindergarten trage."
- „Die Kolleginnen tuscheln über mich!"
- „Einige Kolleginnen weigern sich, aufgrund von Krankmeldungen immer wieder die Gruppenvertretung zu übernehmen. Ich bin die Dumme, die Vertretungen übernimmt."
- „Es besteht kein Wir-Gefühl, jede/r arbeitet für sich!"
- „Im Team wird über meine private Lebenssituation hergezogen!"
- „Meine Kolleginnen meiden mich und geben mir keine Unterstützung, wenn ich Hilfe benötige."

- „Meine Leiterin und einzelne Kolleginnen geben mir zu verstehen, dass ich meine Arbeit nicht gut erfülle. Doch sagen sie mir nicht, was sie meinen!"

Liebe ist aufrichtiger und offener Umgang mit den KollegInnen, den Kindern, den Eltern. Die Atmosphäre im Team war vergiftet, und nur durch die gemeinsame Verständigung über eine übergeordnete, der Aufgabenlösung dienenden Zusammenarbeit lösbar. Das Team erarbeitete ein internes „Regelwerk" für den Aufbau eines vertrauensvollen, verständnisvollen und liebevollen Miteinanders:

- Wir sehen in den anderen den Freund oder Partner.
- Für die uns entgegengebrachten Anliegen zeigen wir offenes Interesse.
- Wir nehmen uns Zeit für die Lösung von Konflikten.
- Wir kommen den anderen entgegen, wenn wir spüren, dass etwas nicht stimmt.
- Wir sorgen für eine offene Kommunikations- und Streitkultur: Organisatorische Regelungen und Entscheidungen werden durchlässiger gestaltet und an der internen Informationstafel dargestellt; Kritik hilft uns weiter und ist ausdrücklich erwünscht; persönliche Kritik ist verboten.
- Wir gehen freundlich miteinander um und wissen, dass ein aufrichtiges Lächeln immer dazugehört.
- Wir fragen und erkundigen uns nach den Interessen anderer.
- Wir versetzen uns in die Lage anderer.
- Wir erwidern die Interessen anderer.
- Wir sind gute Zuhörer und reden selbst wenig („Weniger ist mehr!").
- Wir beantworten jede Frage und geben Feedback.

- Wir vertreten unsere Ansichten rücksichtsvoll.
- Wir überwinden Unsicherheiten und Hemmungen anderer und nutzen weder Fehler noch Schwächen aus.
- Wir sind herzlich und zeigen Herzlichkeit.
- Wir verhalten uns ruhig und gelassen.
- Wir sind tolerant und optimistisch.
- Wir sind offen und aufrichtig.
- Wir sprechen verständlich, klar, deutlich und melodiös.
- Wir sehen andere interessiert an und halten den Blickkontakt.
- Wir zeigen Verständnis.
- Wir treten sicher und entspannt auf.
- Wir sind selbstkritisch.
- Wir arbeiten ergebnis- und handlungsorientiert und machen Vorschläge, führen mögliche Alternativen auf.
- Wir haben Freude an unserer Arbeit und zeigen sie auch.
- Wir entwickeln Begeisterung („Wir sind mit beiden Beinen fest in den Wolken verankert; das heißt wir haben immer die Realität im Auge").

Alle TeammitarbeiterInnen hatte dieses Handlungs- und Verständniswerk sehr überrascht; es war die Artikulation des individuellen und kollektiven Anspruchs, an dem sich alle Beteiligten orientieren und messen lassen wollten. Eine Vereinbarung mit sich selbst und mit dem Team! Schon nach den ersten fünf Supervisionsterminen verbesserte sich das Binnenverhältnis merklich: Der Umgangston war liebevoller; personelle Konfliktthemen ebbten erheblich ab, Kritik war erwünscht (!). Sachthemen standen zum großen Teil im Vordergrund.

Die Liebe zum Menschen, der liebevolle Umgang im Miteinander hat einen humanistischen Hintergrund, den Bert Brecht auf den Punkt gebracht hat: „Was tun Sie“, wurde Herr K . gefragt, „wenn Sie einen Menschen lieben?“ „Ich mache einen Entwurf von ihm“, sagte Herr K., „und sorge dafür, dass er ihm ähnlich wird.“ „Wer? Der Entwurf?“ „Nein“, sagte Herr K., „der Mensch.“

10 Übungen zur Entwicklung der persönlichen Strategie: Bewusst machen – Standort bestimmen – verändern

1. Beginnen Sie gleich in der ersten Übung damit, Ihr Verständnis von und über Liebe zum Ausdruck zu bringen, indem Sie den Satz vervollständigen: Liebe ist:

2. Was bedeutet für Sie ein liebevoller Umgang mit den Kindern und mit den KollegInnen? Sehen Sie Unterschiede in Ihrem Verhalten?

3. Wann fühlen Sie sich geliebt? Was veranlasst Sie dazu, jemanden zu lieben, und woran merken Sie es, wenn Sie nicht geliebt werden?

4. Sicherlich begegnen Sie auch Menschen, die Sie unsympathisch finden oder die Sie nicht mögen. Nehmen Sie eine Person X aus Ihrem Privatleben und eine Person Y aus Ihrem beruflichen Umfeld, und schreiben Sie die Eigenschaften auf, die Sie an den Personen stören!

   Person X

   Person Y

5. Schauen Sie sich die Eigenschaften unter 4. in Ruhe an, und finden Sie die Gründe dafür heraus, warum Sie diese Punkte stören! Wie verhalten Sie sich gegenüber diesen Personen, und können Sie sich vorstellen, dass auch Sie ähnliche Eigenschaften haben?

6. Könnten Sie auf die Personen X und Y zugehen und sich mit ihnen über das, was Sie stört, austauschen? Fragen Sie sich, und fragen Sie die Personen nach Möglichkeiten für einen positiven Umgang miteinander.

7. Was zeichnet Ihre Teamarbeit im Kindergarten aus, und was lässt eine erfolgreiche und positive Zusammenarbeit vermissen? Welchen Beitrag leisten Sie dazu, dass ein „Wir-Gefühl" im Team entsteht oder gelebt werden kann?

8. Lieben Sie sich selbst, akzeptieren Sie sich, wie Sie aussehen und wie Sie mit sich selbst und mit anderen umgehen? Eine kleine Hilfe hierzu: Können Sie sich in Ruhe im Spiegel betrachten und feststellen: „So wie ich bin und so wie ich aussehe, ist es okay. Ich gefalle mir"?

9. Betrachten Sie Ihren Umgang mit anderen Menschen, im Besonderen Ihre elementarpädagogische Arbeit mit Kindern genau: Welche Werte und Charaktereigenschaften wollen Sie vermitteln? Vergleichen Sie hierzu Ihre Ergebnisse im Abschnitt „Prinzip der Lebenswerte", und prüfen Sie, inwieweit Sie andere zu Ihren Werten hinführen oder sie beeinflussen (wollen)! Nehmen Sie sich das folgende Zitat von Waldo Emerson als wichtige Hilfestellung: „Forme nicht die Menschen so, wie du bist. Mache dir bewusst, einer von deiner Sorte reicht!"

10. Vervollständigen Sie abschließend den folgenden Satz: Ich möchte in einer Weit leben, die voll ist von ...

Das hilft Ihnen: 10 Empfehlungen für das Prinzip der Liebe

1. Machen Sie sich die Bedeutung des Sinnspruches von Mahatma Gandhi bewusst: „Vertrauen ist eine Tugend, Misstrauen geht immer aus Schwäche hervor." Sie haben allen Grund dafür, Vertrauen in das, was Sie machen und tun, zu haben und Vertrauen in das, was passiert, zumindest zu entwickeln.

2. Verstehen Sie, dass Liebe nicht bedeutet, geliebt werden zu müssen! Pflegen Sie einen respekt- und würdevollen Umgang mit anderen, und Ihnen wird früher oder später dieser Umgang ebenfalls zuteil werden.

3. Der Franziskanermönch Franz von Assisi hat Zeugnis dafür abgelegt, was Liebe vermag:
   „Herr, mache mich zum Werkzeug deines Friedens:
   dass ich Liebe bringe, wo man sich hasst;
   dass ich Versöhnung bringe, wo man sich kränkt;
   dass ich Einigkeit bringe, wo Zwietracht ist;
   dass ich den Glauben bringe, wo Zweifel quält;
   dass ich die Hoffnung bringe, wo Verzweiflung droht;
   dass ich Freude bringe, wo Traurigkeit ist;
   dass ich Licht bringe, wo Finsternis waltet.
   Meister, hilf mir, dass ich nicht danach verlange, getröstet zu werden, sondern zu trösten; verstanden zu werden, sondern zu verstehen; geliebt zu werden, sondern zu lieben.
   Denn: Wer gibt, der empfängt;
   wer verzeiht, dem wird verziehen,
   wer stirbt, der wird zum ewigen Leben geboren. Amen."
   Prüfen Sie Ihr Denken, Fühlen und Handeln nach diesem Glaubensbekenntnis!

4. Ein liebender Mensch ist eine integre Persönlichkeit. Integrität umfasst das Bild des vorbildlichen Lebens und

Verhaltens. Sie meint Ehrlichkeit, Zuversicht, Optimismus, Freundlichkeit, Verlässlichkeit, Herzlichkeit und vieles mehr. All das, was Sie sagen, äußern und versprechen, halten Sie bitte auch ein. Folgen Sie dem amerikanischen Grundsatz „Walk the talk! “, das heißt, das Gesagte auch umzusetzen.

5. Liebe heißt im Besonderen die Übernahme von Verantwortung für sich selbst und für andere! Machen Sie sich immer wieder von Neuem klar, was Ihr Tun oder Lassen auslöst.

6. Ein liebender Mensch verzeiht und „Verzeihen heißt Verstehen“! Schauen Sie sich die Dinge an, die Ihnen und anderen nicht gelungen sind. Machen Sie sich zunächst an Ihren persönlichen Erfahrungen im Umgang mit Fehlern, Niederlagen und Schwächen klar, welcher Lernprozess daraus erfolgt ist, dann fällt es Ihnen leichter, die Fehler der anderen zu verstehen und zu verzeihen. So entwickeln Sie ein angemessenes, personen- und sachbezogenes Verhalten.

7. Ihre Selbsteinschätzung muss jeden Tag neu justiert werden. Etwas zu unterlassen, was Sie tun können, ist ebenso fatal, wie etwas zu unternehmen, was Sie sich nicht zutrauen sollten. Mit Ihrer aufrichtigen und ehrlichen Selbsteinschätzung schießen Sie nicht über das Ziel hinaus. Liebe heißt in diesem Zusammenhang, das anzunehmen und anzuerkennen, was Sie zu leisten imstande sind und was nicht. Auf diese Weise schützen Sie sich vor ungehaltener Kritik.

8. Holen Sie Ihre Mitmenschen dort ab, wo sie sich gerade befinden. Nehmen Sie Maß an dem, was sie zu leisten vermögen und was nicht. Daran prüfen Sie Ihre Erwartungen und Ansprüche, die Sie an andere stellen.

9. Entdecken Sie in allem, was Sie tun, einen Sinn und ziehen Sie daraus die richtigen Schlüsse. Haben Sie Freude

am Detail und am Ganzen, Freude in der Erfüllung Ihrer Aufgaben. Bedenken Sie: „Schön ist, was du mit Liebe betrachtest" (Christian Morgenstern). Nur so wird Ihnen klar, dass widerwilliges Tun unnötige Energie und Kraft verbraucht!

10. Die Mutter von Johann Wolfgang v. Goethe, Catharina Elisabeth Goethe, hat uns einen „Rezeptvorschlag für ein ganzes Jahr", sozusagen ihre Empfehlung für das Prinzip der Liebe, geschenkt, die auch Sie sich zueigen machen können: „Man nehme 12 Monate, putze sie ganz sauber von Bitterkeit, Geiz, Pedanterie und Angst und zerlege jeden Monat in 30 oder 31 Teile, sodass der Vorrat genau für ein Jahr reicht. Es wird jeder Tag einzeln angerichtet aus 1 Teil Arbeit und 2 Teilen Frohsinn und Humor. Man füge 8 gehäufte Esslöffel Optimismus hinzu, 1 Teelöffel Toleranz, 1 Körnchen Ironie und 1 Prise Takt. Dann wird die Masse sehr reichlich mit Liebe übergossen! Das fertige Gericht schmücke man mit Sträußchen kleiner Aufmerksamkeiten und serviere es täglich mit Heiterkeit und einer guten erquickenden Tasse Tee."

Zusammenfassung

- Das Prinzip der Liebe steht über allen anderen neun Strategien der Motivation. Die uns von der Bibel vertraute Erkenntnis: „Liebe deinen Nächsten wie dich selbst" ist die Voraussetzung für die persönliche Selbstentfaltung und für ein gelingendes Miteinander.
- Wir leben in einer Welt der Beziehungsunfähigkeit, die der Gefahr unterliegt, zur Beziehungslosigkeit zu werden.
- Der liebende Mensch glaubt an das Gute im Menschen, er fühlt sich seinen Mitmenschen gegenüber verpflichtet, Hilfe und Unterstützung zu schenken und Verständnis zu haben. Er fühlt sich als Diener seiner Umwelt.

- Liebe ist nicht an Bedingungen und Erwartungen geknüpft, weder in der Partnerschaft noch im sozialen Miteinander: Liebe ist selbstlos.
- Liebe umfängt und umgibt uns, sie ist ein zartes Pflänzchen, das Pflege braucht. Doch hierzu ist es notwendig, den „eigenen Garten“ zu pflegen, um zu wissen und zu erfahren, welche „Lebensmittel“ oder „Lebensnahrung“ ein gelungenes Miteinander benötigt. Liebe ist schlichtweg Zuneigung: zu den Menschen, den Dingen und der Natur.
- Die Liebe betrachtet das Ganze und die Ganzheitlichkeit, das Detail ist wichtig, doch reibt sie sich nicht am Detail. Sie nimmt den Menschen so, wie er ist, und stört sich nicht an „Kleinigkeiten“. Liebe bedeutet die Hinwendung zu allen Sinnen.
- Liebe ist Menschlichkeit, sie (be-)achtet die Würde und Persönlichkeit des Einzelnen und der Gesamtheit.
- Der liebende Mensch kennt keinen Neid, keinen Hass und keine Missgunst, er erfreut sich an den Erfolgen seiner Mitmenschen.

Meine Diamanten

Ich halte folgende drei Punkte fest, die mir zum *Prinzip der Liebe* besonders wichtig sind:

1. --

2. --

3. --

Prinzip der Work-Life-Balance

Wer noch ruhig ist, lässt sich leicht ergreifen.
Was noch nicht hervortritt, lässt sich leicht bedenken.
Was noch zart ist, lässt sich leicht zerbrechen.
Was noch klein ist, lässt sich leicht zerstreuen.
Man muss wirken auf das, was noch nicht da ist.
Man muss ordnen, was noch nicht in Verwirrung ist.

Ein Baum von einem Klafter Umfang
entsteht aus einem haarfeinen Hälmchen.
Ein neun Stufen hoher Turm
entsteht aus einem Häufchen Erde.
Eine tausend Meilen weite Reise
beginnt vor deinen Füßen.

Laotse

„Indem er ganz sich selbst hinterlässt, im Dienst an einer Sache, in der Erfüllung eines Sinnes oder in der Hingabe an eine Aufgabe oder an einen anderen Menschen, einen Partner, da wird er ganz er selbst."

Viktor E. Frankl

Das Prinzip der Work-Life-Balance, abgekürzt WLB, meint im weiteren Sinne den Ausgleich oder die Balance der Kernbereiche, die das menschliche Leben beeinflussen und bestimmen: Familie und Partnerschaft – Beruf und Leistung – Gesundheit, Fitness und Körper – Freizeit und Sinn. Hieraus wird schnell ersichtlich, dass das 10. Prinzip alle anderen neun Bereiche der Motivationsstrategien umfasst. Der berühmte Logopäde Viktor E. Frankl hat diese Dimension in dem hier vorangestellten Zitat wunderbar zusammengefasst. Wir werden ganz uns selbst, wenn wir die vier zentralen Bereiche in unserem Leben ausfüllen, wenn wir Zeit, Raum und Energie angemessen einsetzen. Es stellt ein geschlossenes System dar: Haben oder verspüren wir in nur einem Lebensbereich einen Mangel, also ein Zuwenig in der uns angelegten Bedürfnislage, oder haben wir ein Zuviel, dann ist das System gestört, dann sind wir „gestört". Zwei einfache Beispiele mögen dies verdeutlichen:

Beispiel Beruf: Stellen Sie sich vor, dass Ihr Beruf Ihr volles Engagement erfordert und Sie weit mehr Arbeitsstunden leisten als Ihre arbeitsvertragliche Vereinbarung hergibt. Ihre regelmäßige Wochenstundenzahl beträgt mindestens 45 Arbeitsstunden, und nicht selten nehmen Sie Arbeit mit nach Hause. Heute ist es nicht mehr ungewöhnlich, wenn Menschen sogar Arbeit mit in den Urlaub nehmen! Es wird und ist uns hierbei klar, dass die anderen drei Bereiche davon beeinflusst werden, und wir dürfen sogar davon ausgehen, in negativer Hinsicht. Ihnen geht wertvolle Zeit verloren für Ihre Familie, für Ihre/n PartnerIn, Ihnen steht weniger Zeit für Ihre Freizeitaktivitäten zur Verfügung.

Beispiel Freizeitaktivitäten: Sie gehen förmlich auf in Ihrem ehrenamtlichen Engagement. Sie haben eine wichtige Funktion in einem Verein übernommen und sind sozusagen das „Mädchen für alles". Obwohl Sie sogar Ihr familiäres Umfeld in die Lösung Ihrer ehrenamtlichen Aufgaben einbinden, fehlt Ihnen genau genommen die Zeit, Ihre Partnerbeziehung zu pflegen oder sich Ihren Kindern zu widmen. Und Sie erledigen so manche Vereinsangelegenheit von Ihrem Arbeitsplatz aus. Sie wissen, dass Sie Ihren beruflichen Aufgaben nicht voll und ganz nachkommen.

Das System der Work-Life-Balance wird und ist ebenso gestört, wenn Sie in einem der vier Bereiche Defizite erfahren, wenn Sie etwas wünschen und sich ersehnen, aber nicht bekommen. In diesen Situationen wenden wir uns den Bereichen zu, in denen wir uns unsere Wünsche und Vorstellungen erfüllen können. Auch hier geraten wir aus dem Gleichgewicht, und nicht selten kompensieren wir die als Defizite erfahrenen Situationen mit einer Flucht-, Vermeidungs- und/oder Verdrängungsstrategie. Zwei weitere Beispiele sollen dies verdeutlichen:

Beispiel Anerkennung: In Ihrem Beruf erfahren Sie für Ihre Leistungen kaum oder gar keine Anerkennung. Das, was Sie tun, wird als selbstverständlich angesehen; es gibt kein Feedback. Sie „holen" sich Ihre Anerkennung daher durch Ihr Engagement im Verein und engagieren sich dort überdurchschnittlich stark. Dies geht sogar so weit, dass Sie und vielleicht auch andere das Gefühl haben, dass ohne Sie im Verein nichts läuft bzw. nichts laufen würde. Sie holen sich Ihre Anerkennung „von außen" und kompensieren das, was Ihnen eigentlich fehlt.

Beispiel Partnerschaft: Ihre Beziehung, Partnerschaft oder Ehe „läuft nicht rund". Es kriselt. Sie gestalten Ihre Freizeit vermehrt allein, einfach, weil Ihr/e PartnerIn nicht will und möchte. Ihre Sexualität leben Sie in immer größeren Abständen, wenn überhaupt. Sie kommen ungern nach Hause, weil Sie nicht sicher sein können, ob Sie ein liebendes und lächelndes Gesicht empfängt. Sie kompensieren diese Situation mit vermehrtem Alkoholkonsum oder mit Tätigkeiten, die Sie ablenken (sollen), z. B. diversen Hobbys, im Internet surfen oder Fernsehen. Sie sind in diesem Fall auf der Flucht und verdrängen eine mögliche Lösungssuche.

Ein innerlich zufriedener, ausgeglichener und glücklicher Mensch hält und lebt die Balance der oben genannten Kernbereiche des individuellen Lebens; er richtet seine Lebensverhältnisse genau so ein, wie sie seinen Erwartungen, Ansprüchen und Bedürfnissen entsprechen. Dies ist eine Frage der Entscheidung und der Realisation. Die meisten Menschen können sich allerdings nicht entscheiden; sie schwanken zwischen „Ja, aber ..." und „Eventuell" oder „Vielleicht"; am liebsten würden sie es sogar allen recht machen, was bekanntlich keinem Erdenwesen gelingt bzw. gelingen kann.

Die Unfähigkeit, sich zu entscheiden und zu handeln, liegt in der Angst begründet, etwas oder gar eine Person zu verlieren. Die Frage, die in diesem Zusammenhang im Vordergrund steht, lautet: „Wen oder was verliere ich?" Verliere ich materielle Annehmlichkeiten, wenn ich mich im Beruf nicht mehr so stark engagiere, verliere ich die Anerkennung und den Zuspruch, wenn ich meinen Chef bzw. meine Chefin oder meine KollegInnen kritisiere? Verliere ich meine gesicherte Existenz, wenn ich meinen Mann verlasse, weil ich ihn nicht mehr liebe? Sicher ist, dass der Verzicht auf eine klare Entscheidung und auf eine eingeleitete Handlung schlichtweg Frust erzeugt, zu Verunsicherung führt und schlimmstenfalls krank machen kann. Machen wir uns an dieser Stelle klar, dass es nur drei Möglichkeiten des Handelns gibt:

*„Love it!" b*edeutet, dass wir das, was wir tun, gern tun, und zwar mit Hingabe und Liebe. Übersetzt heißt es: „Ich steh' drauf!"

„Change it!" bedeutet, dass wir die Verhältnisse in einem Bereich so verändern, dass wir uns wieder zurechtfinden können. Übersetzt heißt es: „Ich verändere es!"

„Leave it!" bedeutet, dass wir einen völlig neuen Weg einschlagen und uns anders orientieren. Übersetzt heißt es: „Ich steig' aus dem Spiel aus!"

Machen Sie sich anhand dieser zunächst sehr einfach anmutenden Möglichkeiten des Handelns klar, in welcher Situation Sie sich befinden und ob Sie etwas verändern wollen oder nicht. In diesem Klärungsprozess sind Sie auf dem besten Weg zu einem ausgeglichenen und harmonischen Leben. Kalkulieren Sie aber auch die Schwierigkeiten ein, denen Sie auf dem Weg dorthin begegnen werden. Sie können die Stolpersteine überwinden, weil Sie wissen, dass sich aus den Steinen, die Ihnen in den Weg gelegt werden, eine Treppe bauen lässt! Machen Sie sich die Konsequenzen klar, wenn Sie sich nicht entscheiden können, und machen Sie sich bewusst, welchen Preis Sie dafür zahlen (müssen) . Ein Mensch, dem nach Anerkennung dürstet, sollte an diesem Punkte das Abhängigkeitsverhältnis zu anderen und zu Dingen prüfen und klären, inwieweit sein Verhalten opportun ausgerichtet ist; ein Mensch, für den materieller Wohlstand und Statussymbole eine zentrale Bedeutung haben, sollte prüfen, ob er sich in seinen finanziellen Ausgaben übernimmt. Es kommt also darauf an, das richtige Maß zu finden, damit der individuelle Gestaltungsraum gesichert und erhalten bleibt. Der Gestaltungsraum ist selbstbestimmtes Handeln und dies gemäß den eigenen Vorstellungen und Wünschen. Machen Sie sich bewusst: *„Wer nicht handelt, wird behandelt!"*

Die Work-Life-Balance verlangt nach Kernkompetenzen, die den Weg für ein erfülltes und ausgeglichenes Leben bereiten: Selbstkompetenz – Handlungskompetenz – soziale Kompetenz – Methodenkompetenz – Sachkompetenz – Fachkompetenz. Im Folgenden konzentriere ich mich auf zwei zentrale Kompetenzfelder, die alle angeführten Kompetenzebenen beinhalten. Jede Störung in den vier Kernbereichen der WLB beruht auf mangelnden Fähigkeiten, Fertigkeiten und Kenntnissen in den Kompetenzebenen, das heißt, unser Verhalten wird bestimmt und ausgerichtet auf

- Anerkennungsprobleme;
- Fachkompetenzprobleme;
- Führungsprobleme;
- Kommunikationsprobleme;
- Organisationsprobleme;
- Selbstwertprobleme.

Eine zentrale Bedeutung haben hierbei die sogenannten Schlüsselqualifikationen; sie umfassen den Hauptteil der o. a. Kompetenzebenen. Schlüsselqualifikationen beeinhalten das gesamte

Spektrum fachübergreifender Qualifikationen. Sie drücken eine individuelle Kompetenz aus, das heißt die Fähigkeit einer Person, sich situativ angemessen, in sich stimmig, also kompetent zu handeln. Das Potenzial über Kompetenzen zu verfügen ist die individuelle Handlungskompetenz. Die individuelle Handlungskompetenz entwickelt sich aus dem synergetischen Zusammenwirken von Selbst-, Sozial- und Methodenkompetenz. Wie ausgeprägt dabei welcher Kompetenzbereich ist, ist individuell verschieden.

Unter *Selbstkompetenz* verstehen wir:

- Anwendung von Lerntechniken („lebenslanges Lernen");
- bewusste Entwicklung eigener Werte und eines Menschenbildes;
- Fähigkeit zu beurteilen und sich selbst weiterzuentwickeln;
- kompetenter Umgang mit sich selbst, das heißt Umgang mit dem Selbstwert;
- reflexiver, kritischer Umgang mit sich selbst;
- Selbstmanagement (Selbstorganisation, -steuerung, -kontrolle, – wirksamkeit).

Unter Sozialkompetenz verstehen wir:

- Kommunikationsfähigkeit;
- Konfliktlösungsfähigkeit;
- Kooperationsfähigkeit;
- Teamfähigkeit.

Das heißt alle Fähigkeiten, die einen kompetenten Umgang mit KollegInnen, Kunden, Vorgesetzten und Geschäftspartnern ermöglichen.

Unter *Methodenkompetenz* soll verstanden werden:

- Abwägen von Chancen und Risiken;
- geplantes, zielgerichtetes Umsetzen von Fachwissen,

d. h. analysieren (systematisches Vorgehen);

- Erarbeiten von kreativen, unorthodoxen Lösungen („neben den Gleisen gehen");
- in den Kontext setzen, Zusammenhänge erkennen;
- kritisch hinterfragen, um Innovationen zu erreichen;
- Strukturieren und Klassifizieren von neuen Informationen.

Schlüsselqualifizierung ist somit ein lebenslanger, individueller Lernprozess, der der Persönlichkeitsentwicklung dient, um die individuelle Handlungskompetenz zu erhöhen. Mein Beitrag zum Thema „Motivation und Erfolg" zielt auf die Ausbildung der Schlüsselqualifikationen. Die Erarbeitung der einzelnen Abschnitte führt hin zu einer ausgeglichenen, erfolgreichen und glücklichen Lebensgestaltung, die die Balance hält zwischen Privatsphäre und beruflichem Bereich. Die ernsthafte, ehrliche und konsequente Auseinandersetzung mit den Themen wirkt sich positiv auf Ihre Lebensgestaltung aus; sie unterstützt Ihre Persönlichkeitsentwicklung und hilft Ihnen, souveräner und vor allem gelassener aufzutreten und zu sein!

Obwohl *Sach- und Fachkompetenz* ausgebildeten MitarbeiterInnen unterstellt und vorausgesetzt werden sollte, bestehen auf diesem Sektor erhebliche Defizite. Unsere Welt wird zunehmend komplexer, das Wissen vermehrt sich, und die beruflichen Anforderungen wachsen. Diejenigen, die vor vielen Jahren Ihren Beruf erlernt haben, aber auch diejenigen, die jetzt ins Berufsleben eintreten, werden mit höheren inhaltlichen Ansprüchen konfrontiert. Die Gruppe der erfahrenen ErzieherInnen spürt den Wandel der gesellschaftlichen Werte, den Druck des Wettbewerbs und vor allem den ökonomischen Wandel, was eine „fachliche Anpassung" einfordert. Die jungen KollegInnen erfahren in der Praxis, dass die vermittelten Stoffinhalte (Curricula) den aktuellen Erfordernissen nicht mehr standhalten. Die Verantwortungsbereiche sind gewachsen und können nicht durchweg befriedigend wahrgenommen werden. Nicht zuletzt die PISA-Studie hat uns diese Situation vor Augen geführt.

Wir wissen, dass die Einschränkung der fachlichen Qualität zur Verunsicherung des Einzelnen und des Teams und damit zu Problemen führt und führen muss. Die Dimension der Aufgabenbereiche für das Unternehmen „Kindergarten" soll im Folgenden grob und ohne Anspruch auf Vollständigkeit dargestellt werden; sie soll eine Checkliste dafür sein, die fachlichen Kompetenzdefizite zu orten und notwendige Handlungen anzuschließen, zum Beispiel die Weiterbildung der MitarbeiterInnen zu intensivieren.

Personalentwicklung und Mitarbeiterführung: Arbeits- und Tarifrecht, Leistungsbeurteilung, Mitarbeitergespräche und -feedback, Weiterbildungsplanung, Führungsstil, Personalbewirtschaftung und Personalplanung, Kündigungsrecht, Personalverwaltung, Personalorganisation (u. a. Arbeitsteilung, Urlaubsregelung), Teamarbeit, Konfliktlösung, Kooperation, Informationssteuerung, Arbeiten nach Zielvereinbarungen.

Elementarpädagogik: Allgemeines pädagogisches Konzept, pädagogisches Leitbild, spezifische pädagogische Angebote, wie zum Beispiel Psychomotorik, moderner Medieneinsatz, Sprachförderung, Vorschulpädagogik, ästhetische Erziehung, Heilpädagogik, Projektarbeit, musische Erziehung, Programme zur Förderung der Zwei- oder Mehrsprachigkeit, Methoden zur Entwicklung der Sprachkompetenz, Diagnoseverfahren zur Feststellung von Verhaltensauffälligkeiten, Wahrnehmungs- und Konzentrationsförderung, Teamarbeit, Elternarbeit, Kommunikation und Kooperation, Vernetzung von pädagogischen Initiativen, Kindergarten-Gesetz.

Marketing: Marktbeobachtung und -analyse, Öffentlichkeitsarbeit, Werbung, Bedarfsanalyse, Produktentwicklung zur Verbesserung des Dienstleistungsangebots, Service, Entwicklung von mittel- bis langfristigen Zielen, Kundenbetreuung und Kundenbindung, Evaluation (Auswertung der Arbeitsleistung und Arbeitsergebnisse), kundenorientierte Kommunikation (z. B. Informationen für die

Eltern). Aufstellen von Entwicklungszielen, Prüfen des Preis-Leistungs-Verhältnisses, Förderinitiative (Sponsoring, Spenden).

Bürokommunikation und -organisation: Einsatz von modernen Medien, wie zum Beispiel PC-Hardware, Telefax, Internet- und E-Mail-Nutzung, Kopiergerät, Drucker, Scanner, ISDN-Verbindung zur schnelleren Übermittlung von Daten, EDV-Grundkenntnisse, Aktenplan, Kindergarten-Verwaltungsprogramm, Schreib- und Grafiksoftware, z. B. WinWord und Power Point von Microsoft, Arbeitsorganisation, Ablaufplanung.

Haushaltsführung und Controlling: Aufstellen des Haushaltsplans, Haushaltsüberwachung, Erstellen der Monatsbilanz, Einsatz der Haushaltsmittel, (doppelte) Buchführung, Erstellen der Jahresbilanz, Haushaltsrecht, Lohn- und Gehaltsregelung.

Logistik, Innen- und Außenbewirtschaftung: Beschaffung von Sachmaterialien, Konsumgütern, Organisation der Beschaffungen, Gestaltung der Innen- und Außeneinrichtung, Sicherheitsbestimmungen, Inventur, Reparaturen, Ausschreibung von Aufträgen und Prüfung, dienstliche Beaufsichtigung des Hausmeisters, Renovierung und Instandhaltung, Haftungs- und Versicherungsrecht

Qualitätsentwicklung und -verfahren: Einrichtung eines Qualitätshandbuchs, das alle Bereiche des Kindergartens erfasst und das die Qualität der Arbeit nachweist und sicherstellt.

Zusammengefasst stelle ich fest, dass die Ausbildung in den Schlüsselqualifikationen und in der Sach- und Fachkompetenz den Einzelnen dazu befähigt, die Balance von Privatsphäre und Beruf herzustellen und einzurichten: Die WLB-Kernbereiche „Familie und Partnerschaft", „Gesundheit, Fitness und Körper" und „Freizeit und Sinn" betreffen die Schlüsselqualifikationen, und der Bereich „Beruf und Leistung" wird von der Fachkompetenz maßgeblich beeinflusst. Diesen Abschnitt schließe ich mit dem zentralen Satz von Voltaire, der wohl zu seiner Zeit gewusst haben muss, dass seine Erkenntnis zu allen Zeiten Gültigkeit haben wird, nämlich: *„In der einen Hälfte des Lebens opfern wir die Gesundheit, um Geld zu erwerben; in der anderen opfern wir Geld, um die Gesundheit wiederzuerlangen. Und während dieser Zeit gehen Gesundheit und Leben von dannen."* Reflektieren wir demgegenüber Platons überlieferte Überzeugung, dass *„die größte Behinderung des Lebens darin liegt, ständig auf seine Gesundheit zu achten."* Wir kommen nicht umhin zuzugeben, dass in beiden Sentenzen ein gehöriges Stück Wahrheit steckt!

10 Übungen zur Entwicklung der persönlichen Strategie: Bewusst machen – Standort bestimmen – verändern

1. Stellen Sie die vier Kernbereiche der Work-Life-Balance in einer Matrix dar:

Freizeit und Sinn

Familie und Partnerschaft | Balance | Beruf und Leistung

Gesundheit, Fitness und Körper

Tragen Sie ein, wie viel Prozent Zeitpotenzial und Konzentration Sie für die jeweiligen Bereiche investieren.

2. Konkretisieren Sie die einzelnen Kernbereiche mit den Aktivitäten oder Handlungen, die Sie damit hauptsächlich verbinden:

   Beruf und Leistung:
   Familie und Partnerschaft:
   Gesundheit, Fitness und Körper:
   Freizeit und Sinn:

3. Schreiben Sie auf, welche Veränderungen Sie in Richtung Balance vornehmen wollen, und was Sie dafür tun werden.

4. Stellen Sie die Gründe dafür dar, warum Sie den einen oder anderen Kernbereich vernachlässigen!
5. Finden Sie heraus, welche Kernbereiche Ihnen am wichtigsten sind! Entwickeln Sie auf diese Weise Ihre persönlichen Prioritäten: Priorität 1: Priorität 2: Priorität 3: Priorität 4:
6. Betrachten Sie den Bereich der Schlüsselqualifikationen: Gehen Sie die einzelnen Kompetenzbereiche durch, und stellen Sie zunächst fest, welche Kompetenzen, also welche Stärken Sie bereits gut entwickelt und eingesetzt haben. Zu welchem Ergebnis kommen Sie?
7. Schreiben Sie auf, welche Kompetenzen Sie erlernen, ausbilden und verbessern wollen!
8. Betrachten Sie das unter den Fachkompetenzen dargestellte Aufgabenprofil: Schreiben Sie auf, welche fachlichen Bereiche Sie gut bis sehr gut erfüllen und leisten.
9. Welchen Themen der von Ihnen erwarteten Fachkompetenzen wollen Sie sich zukünftig intensiver widmen, und wie können Sie dies erreichen?
10. Beantworten Sie folgende Frage spontan: Arbeiten Sie, um zu leben, oder leben Sie, um zu arbeiten?

Das hilft Ihnen: 10 Empfehlungen für das Prinzip der Work-Life-Balance

1. Schreiben Sie Ihre Diamanten der neun Motivationsstrategien auf. Und ordnen Sie Ihre Ergebnisse den vier Kernbereichen der Work-Life-Balance zu. Sie gewinnen auf diese Weise einen Überblick über die Schwerpunkte Ihrer Lebensgestaltung und schaffen die besten Voraussetzungen dafür, um die Balance neu zu justieren.

2. Arthur Schopenhauer stellte treffend fest, dass wir selten auf das schauen, was wir haben, sondern dass wir zumeist die Dinge betrachten, die uns fehlen. Fokussieren Sie Ihre Energie und Kraft auf die Dinge, die Sie haben, und setzen Sie Ihre Schätze in Bezug zur Work-Life-Balance.
3. Pflegen Sie Ihre Selbstständigkeit. Legen Sie Ihre Lebensgestaltung nicht in die Hände von anderen, sondern entwickeln Sie Ihre Interessen, Freundschaften und Überzeugungen so weit, dass Sie die Balance zwischen eigenen Projekten und Partnerprojekten finden.
4. Pflegen Sie Ihre Partnerbeziehung und Ihr Familienleben. Dies beginnt mit einer offenen und aufrichtigen Kommunikation, setzt sich fort mit gemeinsamen kulturellen Unternehmungen bis hin zu romantischen Abenden zu zweit. Widmen Sie sich so oft wie möglich Ihren Kindern, spielen Sie mit Ihren Kindern, und unternehmen Sie viel mit ihnen. Machen Sie sich bewusst: Je weniger Zeit Sie für Ihre Kinder haben, desto mehr entfernen sich die Kinder von Ihnen.
5. „Gesundheit ist gewiss nicht alles, aber ohne Gesundheit ist alles nichts", sagte Arthur Schopenhauer und weist darauf hin, dass „die besten Ärzte der Welt Dr. Essen, Dr. Ruhe und Dr. Fröhlich" sind. So vollführen Sie Tag für Tag einen Balanceakt zwischen Entspannung und Spannung, Stress und Ruhe. Sorgen Sie für ein Gleichgewicht zwischen Privatsphäre und Beruf.
6. Sorgen Sie für reichlich Bewegung und Fitness in Ihrem Leben. Stellen Sie sich ein Programm auf, in dem Sie Ihre sportlichen Aktivitäten planen. Ausdauersport ist dafür ideal, wie zum Beispiel Laufen, Radfahren, Schwimmen, Nordic Walking, Inline-Skating, und das drei- bis viermal pro Woche jeweils mindestens dreißig Minuten lang.
7. Achten Sie auf eine ausgewogene und vollwertige Ernährung: Essen Sie viel Obst, Gemüse, Salat. Meiden Sie Fett,

trinken Sie viel, mindestens drei Liter Flüssigkeit pro Tag, und gönnen Sie sich auch mal etwas Gutes, wie zum Beispiel einen guten Wein oder ein Steak.

8. Belohnen Sie sich mit sogenannten kleinen Freuden und dies spontan: Albern Sie herum, faulenzen Sie, schmökern Sie in Romanen und sonstigen scheinbar unbedeutenden Texten, oder spielen Sie einmal „verrückt", und springen Sie spontan in eine Pfütze!

9. Lassen Sie Ihre Hobbys wieder aufleben, oder intensivieren Sie Ihre Freizeitbeschäftigungen, die Sie in letzter Zeit vernachlässigt haben. Schaffen Sie sich einen Ausgleich durch das, was Sie gern tun, zum Beispiel durch Gartenarbeit, Werkeln, Basteln, Malen, Wohnung umräumen. Das ist das beste Ausgleichs- und Erholungsprogramm, das Sie sich vorstellen können. Entdecken Sie Ihre alten und neue Vorlieben!

10. Die beste Medizin ist Lachen! Lachen Sie, und zwar aus vollem Herzen. Und wenn Sie vor einem schwierigen Problem stehen und glauben nicht weiterzukommen, dann setzen Sie sich eine rote Nase auf, und gucken Sie in den Spiegel. Probieren Sie es aus: Es wirkt! Weinen Sie, wenn Ihnen danach ist. Tränen entlasten, befreien und entgiften. Weinen sorgt für die emotionale Regulation, Entspannung und Balance.

Zusammenfassung

- Das Prinzip der Work-Life-Balance umfasst alle neun Strategien der Motivation. Die Umsetzung und Gestaltung der neun Prinzipien beeinflussen die Balance von Privat- und Berufsleben.
- Die Kernbereiche der Work-Life-Balance sind Familie und Partnerschaft – Beruf und Leistung – Gesundheit, Fitness und Körper – Freizeit und Sinn.
- Die Überakzentuierung nur eines Kernbereichs, zum

Beispiel eine zeitliche berufliche Überbeanspruchung, schränkt die anderen Kernbereiche ein und kann zu einem Ungleichgewicht führen.

- Eine übermäßige Konzentration auf einen der Kernbereiche kann zum Kompensations-, Flucht-, Vermeidungs- oder Verdrängungsverhalten führen. Das eigentliche Problem wird auf diese Weise nicht gelöst.
- Das angemessene und gewünschte Ausfüllen und Realisieren der Kernbereiche der Work-Life-Balance führt zu einem ausgeglichenen, erfüllten und glücklichen Leben.
- Die Kernbereiche werden vornehmlich durch die Schlüsselqualifikationen und die Sach- und Fachkompetenz ausgebildet und positiv beeinflusst.
- Die Fokussierung der fachlichen und sozialen Kompetenzen begünstigt den Entwicklungsprozess zu einer erfüllenden Lebensgestaltung.
- Bewegung, gesunde Ernährung, sinnvolle Freizeitgestaltung und das bewusste Gestalten der Partnerbeziehung sorgen für die Verbesserung der Lebensqualität.
- Humor, Heiterkeit und Frohsinn sind die Voraussetzung dafür, das Maß für die Balance zu finden, das Maß von Distanz und Nähe (wieder-)herzustellen. Andererseits führt das Weinen, das Fließen von Tränen, zur Entlastung, Entspannung und Selbstregulation.

Meine Diamanten

Ich halte folgende drei Punkte fest, die mir zum *Prinzip der Work-Life-Balance* besonders wichtig sind:

1. --

2. --

3. --

Self-Coaching: Die Vereinbarung mit sich selbst

Das Self-Coaching-Baukastensystem M-0-P-S

Self-Coaching heißt, sich selbst so zu führen und zu organisieren, dass Sie Erfolg haben und dass Ihr Leben gelingt. Ziel ist es, Ihr Verhalten und Ihre Tätigkeiten zu steuern und zu meistern, um die täglichen Arbeitsabläufe besser in den Griff zu bekommen. Die Ergebnisse sind Zufriedenheit, Erfüllung, Lebensqualität, Zeitgewinn und persönliche Leistungssteigerung.

Sie, liebe/r LeserIn, können jeden Tag von Neuem beginnen; Sie entscheiden über den richtigen Zeitpunkt stets selbst. Sie verbessern Ihr Verhalten im Berufsleben und im privaten Bereich und verhindern dadurch, dass Sie zum Spielball der Arbeits- und Lebensbedingungen werden, denn: *Wer nicht selbst handelt, wird behandelt!*

Im beruflichen, aber auch im privaten Bereich ist es hierfür zunächst notwendig, sich Kenntnis über den persönlichen Arbeits- und Verhaltensstil zu verschaffen. Dieser Vorgang beginnt mit einer umfassenden Analyse, die auf dem von mir entwickelten M-O-P-S-Baukastensystem des Self-Coachings aufbaut und in praktisches Handeln übergeht. M-O-P-S steht für:

Motivation Orientierung

Praxis Strategie

Das M-O-P-S-Baukastensystem im Überblick:

MOTIVATION

- *Grundlagen der Motivation*
- *Motive und Anreizsysteme*
- *Motivationsmodelle*

ORIENTIERUNG

- *Selbstanalyse*
- *Selbst- und Fremdwahrnehmung*
- *Stärkenanalyse: Selbstprofil*

PRAXIS

- *Privater Bereich*
- *Beruflicher Bereich*
- *Selbstwirksamkeit*

STRATEGIE

- *10 Motivationsstrategien*
- *Einleitung des Veränderungsprozesses*
- *Erfolgsstrategie*

Das Handbuch für die Praxis greift die Aspekte von M-O-P-S auf. Wenn Sie die einzelnen Bereiche im Sinne des Self-Coachings gewissenhaft und konsequent durcharbeiten, erfahren Sie den Gewinn, die Veränderungen in Ihre gewünschte Richtung zu lenken, und ernten den verdienten Erfolg.

Selbstanalyse

Was heißt „Erwachsensein"?

Bevor wir uns mit den einzelnen Bereichen der Selbstanalyse auseinandersetzen, ist es sinnvoll, dass wir uns klarmachen, was es bedeutet „erwachsen zu sein". Hierfür hat uns der Sozialwissenschaftler Frederic M. Hudson eine sehr gute Auflistung von Kriterien bereitgestellt, an denen wir uns messen dürfen. Es kommt dabei auf die Entscheidung an, diese Aspekte des Erwachsenseins zu erfüllen; es kommt auf das JA, auf Ihr JA an, sich darauf einzulassen und sich in der Selbstanalyse und praktischen Umsetzung beständig zu überprüfen. Der Mensch ist erwachsen, so Hudson, wenn er:

- über ein hohes Maß an Selbstvertrauen und Selbstbewusstsein verfügt;
- anderen interessiert und objektiv zuhören kann;
- seinen Gefühlen angemessen Ausdruck verleiht;
- Kritik ertragen und Kritik üben kann;
- kooperativ und teamfähig ist;
- keine Angst hat, Fehler zu machen, und sie auch bei anderen toleriert;

- fähig ist, Dankbarkeit und Anerkennung auszudrücken;
- zukunftsorientiert ist;
- kompromissbereit, aber nicht konformistisch ist;
- sich auf Freundschaften und Liebesbeziehungen einlässt;
- dafür sorgt, dass er im Leben genug Spaß hat;
- in der Lage ist, Nein zu sagen;
- immer wieder über den Sinn des Lebens nachdenkt;
- den Status quo immer wieder infrage stellt;
- zwischen Wichtigem und Unwichtigem unterscheiden kann;
- weiß, dass er Autorität besitzt.

An dieser Stelle füge ich zwei zentrale Kriterien hinzu: Der Mensch ist erwachsen, *wenn er loslassen kann* und vor allem, *wenn er liebesfähig ist.* Dieses Erwachsensein bildet ein geschlossenes System. In dem Moment, in dem Sie sich dazu entschließen, in diesem Sinne erwachsen zu sein, verfügen Sie über die besten Voraussetzungen, sich auf die nachfolgende Selbstanalyse mit Nähe und Distanz einzulassen, aus den folgenden Abschnitten heraus Ihre Strategie abzuleiten und diese in die Praxis umzusetzen.

Selbst- und Fremdwahrnehmung

Ein zentraler Aspekt der Selbstanalyse ist die kritische Auseinandersetzung mit der Selbst- und Fremdwahrnehmung. Zahlreiche Untersuchungen belegen, dass sich das Selbstbild mit der Fremdwahrnehmung in der Regel nicht deckt, das heißt, dass die individuellen Vorstellungen über sich selbst, über die eigenen Charakter- und Verhaltenseigenschaften erheblich von der Außenwahrnehmung über die Person abweichen. Die Gründe hierfür sind sicherlich vielschichtiger, als dass sie hier umfassend und ausreichend dargestellt werden können; sicher ist zumindest, dass wir mit der Beurteilung von uns selbst, von unseren Persönlichkeitseigenschaften, weitaus kritischer sind, als es unser Umfeld wahrnimmt. Ein guter Teil davon ist aus einem Mangel an Selbstvertrauen herzuleiten, nicht zuletzt deshalb, weil wir üblicherweise mehr auf unsere Schwächen schauen als auf das, was wir können und was unsere Stärken sind. Wir üben sozusagen eine „Mängelverwaltung oder Mängelauseinandersetzung" aus und sind in erster Linie darauf fokussiert, unsere Defizite oder vermeintlichen Schwächen auszugleichen, als uns auf unsere Stärken zu konzentrieren.

Meiner Überzeugung nach ist dieses Verhalten entwicklungsgeschichtlich kultiviert worden, wobei dieser Prozess bereits in der Schule beginnt, in der unsere Fehler mit „rot" gekennzeichnet und gewertet werden, und der Blick allein auf eine Fehlervermeidung gerichtet ist. Kaum einem Pädagogen fällt es dabei ein, einen leistungsschwachen Schüler in seinen langsamen und zähen Fortschritten – trotz ungenügender Leistungen nach der Notenkategorie „Fünf" oder „Sechs"– zu ermutigen. Das prägt, zumal sich diese Grundhaltung im Berufsleben in den Unternehmen und Betrieben weiterfortsetzt. An höchster Stelle stehen beim Arbeitnehmer Anerkennung und Lob, so eine amerikanische Untersuchung aus dem Jahre 1999; doch diese sind leider Mangelware. Fehlleistungen oder berufliche Schwächen werden dagegen geahndet und sogar sanktioniert und das auf allen Ebenen bis hin zum Mobbing oder dem „Rausschmiss".

Mit der bloßen Konzentration auf seine Schwächen und eine Fehlervermeidung kann sich die Spirale des Negativ-Verhaltens kontinuierlich nach unten bewegen. Damit verbunden, sinken das Selbstwertgefühl und die Leistungsbereitschaft. Dies ist eine sich fatal auswirkende Seite des Leistungs- und Perfektionsdenkens; andererseits wissen wir, dass es den perfekten oder vollkommenen Menschen nicht gibt. Parallel zu dieser (Selbst-)Beurteilungskultur steigen die individuellen Ansprüche an sich, und genau dies führt zu einer undifferenzierten Selbsteinschätzung. Schon Arthur

Schopenhauer hat festgestellt, dass wir seltener auf die Dinge sehen, die wir haben, als auf die Dinge, die uns fehlen.

Dieser Abschnitt soll dazu beitragen, dass wir zuallererst unsere Stärken und Talente sehen und erkennen und unser Augenmerk darauf richten. Hierzu ist es zunächst notwendig, dass wir uns unser Selbstbild bewusst machen und dieses Bild der Fremdwahrnehmung gegenüberstellen. Dabei relativiert sich unsere Selbstbeurteilung; im Laufe dieses Prozesses finden wir den Impuls und die Aufforderung, unser Selbstvertrauen zu stärken und unsere Selbstsicherheit zu finden. Deshalb gehen Sie bitte, liebe/r LeserIn, die folgende Tabelle zur Selbstwahrnehmung in Ruhe durch, und setzen Sie Ihr Kreuz in die entsprechende Spalte jeweils ganz spontan, denn nur so erhalten Sie ein weitgehend objektives Bild über sich selbst. Die gleiche Tabelle lassen Sie auch von einer Person Ihres Vertrauens, von einer guten ArbeitskollegIn oder gar von Ihrem Chef bzw. Ihrer Chefin ausfüllen. Vergleichen Sie anschließend die Ergebnisse miteinander, und machen Sie sich die Divergenzen, die mit Sicherheit auftreten werden, bewusst. Damit erhalten Sie eine Grundlage für das Erkennen Ihrer Persönlichkeitsstruktur und werden in die Lage versetzt, weitere Schritte zu Ihrer Persönlichkeitsentwicklung konkret anzugehen.

Selbstwahrnehmung

Kreuzen Sie die folgenden Eigenschaften an, mit denen Sie bzw. Ihr Verhalten charakterisiert werden können, und kennzeichnen Sie abschließend jene drei Eigenschaften, von denen Sie meinen, dass sie für Ihre Persönlichkeit besonders charakteristisch sind („0“ bedeutet „nicht zutreffend“; „4“ bedeutet „trifft voll zu“).

	0	1	2	3	4
aggressiv					
anpassungsfähig					
arrogant/eingebildet					
aufgeschlossen					
aufrichtig					

	0	1	2	3	4
ausgeglichen					
autoritär					
begeisterungsfähig					
charismatisch					
dominant					
egozentrisch					
ehrgeizig					
einfühlsam					
entschlusskräftig					
fähig, andere zu beeinflussen					
freundlich					
geltungsbedürftig					
gewissenhaft					
hilfsbereit					
humorvoll					
impulsiv aufbrausend					
intelligent					
kompromissbereit					
kontaktfreudig					
kreativ					
liebevoll					
lösungsorientiert					
nachtragend					
naturverbunden					
neidvoll					
objektiv/neutral					
optimistisch					
problemorientiert					
sachlich nüchtern					
schlagfertig					
selbstbeherrscht					
selbstsicher/selbstbewusst					
sympathisch					
temperamentvoll					
tolerant					
ungeduldig					
unsicher					
verständnisvoll					
vertrauensvoll					
vielseitig					
visionär					
warmherzig					
zuverlässig					

Bitte verbinden Sie nun alle Kreuze miteinander; auf diese Weise erhalten Sie ein charaktistisches Profil Ihrer Persönlichkeit.

Fremdwahrnehmung

Nachdem eine Person Ihrer Wahl die gleiche Tabelle über Sie ausgefüllt hat, verbinden Sie die Kreuze bitte wieder miteinander, um den Unterschied zwischen der Selbst- und Fremdwahrnehmung schneller erfassen zu können.

Auswertung

- Vergleichen Sie zunächst die drei zentralen Eigenschaften, von denen Sie bzw. Ihr Gegenüber meinen, dass sie besonders charakteristisch für Sie seien. Tauschen Sie sich hierüber aus.
- Analysieren und besprechen Sie nun mit Ihrer/em PartnerIn das gesamte Profil. Notieren Sie die divergierenden Ergebnisse, und erläutern Sie diese.
- Stellen Sie Ihre starken bzw. positiven Eigenschaften den vermeintlich schwächeren bzw. negativen Eigenschaften gegenüber, und entscheiden Sie, auf welche Punkte Sie sich zukünftig konzentrieren möchten.
- Die erarbeiteten Ergebnisse helfen Ihnen bei der Erschließung der persönlichen Situation im Rahmen des „Dreiecks der Persönlichkeit und des Verhaltens“ (s. S. 186) .

Stärkenanalyse und Profil

Die Ergebnisse der Selbst- und Fremdwahrnehmungsübung geben Ihnen, liebe/r LeserIn, hilfreiche Informationen zur Erstellung Ihres persönlichen Profils. Entwickeln Sie nun zunächst ein allgemein dargestelltes Bild eines/r kompetenten ErzieherIn, einer kompetenten Persönlichkeit. Im Folgenden gebe ich Ihnen ein grobes Muster eines solchen Profils vor, das Sie mit Ihren Ergebnissen vergleichen und es gegebenenfalls abändern und verbessern können. Fügen Sie bitte außerdem Ihre fachlichen Kompetenzen hinzu, denn nur Sie kennen diese.

Zu meinem beruflichen Profil

Ich bin ein optimistischer Mensch – mein Denken ist stets lösungsorientiert. Auf Ehrlichkeit und Echtheit in Ausdruck und Verhalten lege ich großen Wert.

Ich kann mir Ziele selbst definieren und erreichen, gut analytisch denken und organisieren. Ich kann mich voll und ganz engagieren. Die Fähigkeit zur Teamarbeit habe ich mir stets erhalten, und ich kann sehr gut mit Stresssituationen umgehen.

Ich habe Berufs- und Lebenserfahrung (Führungserfahrung), ein sehr gutes Einfühlungsvermögen, ein gut entwickeltes Talent für Kommunikation und überdurchschnittliche pädagogische (didaktische) Fähigkeiten.

Neben fachlicher Kompetenz waren und sind für mein berufliches Selbst- und Aufgabenverständnis vor allem Begeisterungsfähigkeit, Lernbereitschaft und Flexibilität entscheidend.

Meine fachlichen Kompetenzen, Schwerpunkte und Stärken sind:

____

____

____

Können Sie unter dieses kurze, aber sehr prägnante Persönlichkeitsprofil Ihre Unterschrift setzen? (Vgl. hierzu „Der Umgang mit sich selbst, Kindergarten und Persönlichkeit“, 2004.)

Dreieck der Persönlichkeit und des Verhaltens

Der vierte Schritt der Selbstanalyse besteht in der Klärung der grundsätzlichen Aspekte der Persönlichkeit und des Verhaltens, die in dem folgenden Dreieck dargestellt sind. Damit wird der Selbstanalyseprozess abgeschlossen, worauf die konkrete Entwicklung des persönlichen Veränderungsmanagements erfolgt:

Haben Sie, liebe/r LeserIn, die Kapitel II, III und IV bis hierhin durchgearbeitet? Wenn Ihre Antwort positiv ausfällt, dann verfügen Sie über hinreichende Informationen zur inhaltlichen und konkreten Ausgestaltung des Dreiecks. Füllen Sie nun die einzelnen Aspekte schriftlich aus und legen damit die Basis für die Entwicklung Ihrer Strategie und Ihres Veränderungsmanagements.

Die Vereinbarung mit sich selbst: Selbstkonzept und Strategie

„Was diese Kraft ist, kann ich nicht genau sagen; auf jeden Fall weiß ich, dass sie existiert und dass sie einem Menschen verfügbar wird, wenn er genau weiß, was er will und entschlossen ist, nicht aufzugeben, bis er es erreicht hat."

Die folgenden Abschnitte sind sehr wichtig, weil sie Ihre persönlichen Vorstellungen über Ihr zukünftiges Handeln und Verhalten definieren und bestimmen. Aus diesem Grund wiederhole ich an dieser Stelle noch einmal die drei Kernelemente der Motivation und des Erfolgs:

1. Kernelement: Ziele und Umsetzung

Das Eingangszitat von Alexander Graham Bell soll Ihnen die Kraft, die in Ihnen steckt, bewusst machen und verstärken – auch in dem von Ralph W. Emerson verstandenen Sinn: „Tu, was ansteht – und du wirst die Kraft dazu haben."

2. Kernelement: Vier Merkmale des Phänomens Motivation

Vier zentrale Merkmale kennzeichnen das Phänomen Motivation:

- *Aktivierung:* Motivation bedeutet immer, das ein Prozess im Verhalten in Bewegung gesetzt wird.
- *Richtung:* Die Aktivität wird auf ein bestimmtes Ziel hingesteuert und bleibt in der Regel so lange bestehen, bis dieses Ziel erreicht ist oder bis ein anderes Motiv vorrangig wird.
- *Intensität:* Die Aktivität kann mehr oder weniger stark, kräftig oder gründlich ausgeführt werden.
- *Ausdauer:* Zielstrebiges Verhalten kann mehr oder weniger Beständigkeit aufweisen, daher wird die Aktivität meist auch dann aufrechterhalten, wenn sich Schwierigkeiten ergeben.

3. Kernelement: Strategie des positiven Denkens

Jeder Mensch verfügt über eine wunderbare Eigenschaft, die ihn von allen anderen lebenden Wesen auf der Welt unterscheidet, nämlich die Fähigkeit, seine Gedanken aus eigener Kraft zu entwickeln, zu konstruieren, zu ändern und zu steuern. Es liegt allein in seiner Macht, sein Denken in eine gewünschte Richtung zu lenken und hierdurch seinen Gefühlszustand positiv zu beeinflussen. Denken Sie jetzt zum Beispiel an eine heitere Lebenssituation, in der Sie von Herzen gelacht haben: Sie merken sicherlich, wie sich bei Ihnen ein positives Gefühl einstellt. Oder stellen Sie sich eine saure Zitrone vor, in die Sie in Gedanken kräftig hineinbeißen: Unweigerlich kommt es zu einem verstärkten Speichelfluss, verbunden mit einer charakteristischen Mimik und Körperhaltung und einem veränderten Gefühlszustand.

Es kommt also darauf an, für welche Gedanken Sie sich entscheiden und wie Sie sich mental auf unterschiedliche Lebenssituationen einstellen. Dabei ist es wichtig, sich darüber klar zu werden, von wem oder was Sie sich beeinflussen lassen oder welche

Einflüsse kommunikative Störungen, negative oder positive Gefühle bei Ihnen hervorrufen. Je intensiver Sie „Ursachenforschung" betreiben und in sich hineinhorchen, desto eher wird Ihnen bewusst, welche Kraft Ihre Gedanken haben und wie sie Ihr Verhalten und Handeln beeinflussen.

Jeder Mensch verfügt über die Fähigkeit, seine Gedanken zu steuern und zu gestalten. Sie können diesen inneren Prozess oder Dialog bewusst beeinflussen und trainieren. Albert Schweitzer trifft mit seiner Lebenserkenntnis den Punkt: *„Die größte Entscheidung deines Lebens liegt darin, dass du dein Leben ändern kannst, indem du deine Geisteshaltung änderst."* Es kommt also auf die Klarheit Ihrer Gedanken und Vorstellungen an oder anders ausgedrückt: *Es kommt auf Ihre Einstellung an!* Hierfür habe ich Ihnen bereits in den vorhergehenden Kapiteln und Abschnitten nützliche, hilfreiche und wirksame Impulse gegeben. Werte, Lebensprinzipien und Visionen bilden also das Fundament für zielgerichtetes und erfolgreiches Handeln und Verhalten. Sie haben nunmehr die Möglichkeit, Ihr Leben auf diesem Fundament aufzubauen. Dies geschieht am besten durch Ihre *Vereinbarung mit sich selbst:* Entwickeln Sie für sich ein Konzept oder eine Lebensstrategie, um Ihre Vorstellungen von einem gelungenen Leben und Ihre Träume zu erfüllen. Hierzu gibt es zahlreiche Ansätze, die ich Ihnen in den folgenden Abschnitten vorstellen möchte. Wichtig für die Einleitung dieses Prozesses und die erfolgreiche Umsetzung ist jedoch die freie, von Ihnen gewollte Entscheidung. George Bernard Shaw drückt dies so aus: *„Die besten Reformer, die die Welt je gesehen hat, sind die, die bei sich selbst anfangen."* Und Gotthold Ephraim Lessing ergänzt: *„Kein Mensch muss müssen!"* Die bewusste Entscheidung aus innerer Überzeugung heraus kann nur von Ihnen selbst stammen!

Sofortprogramm für die Einleitung des Veränderungsprozesses

Wie viel Kraft und Energie wären Sie bereit, für ein gelungenes Leben und die Umsetzung Ihrer Wünsche und Träume zu investieren? Zunächst ist es notwendig, dass Sie Ihre Visionen und Ziele konkret, klar und überprüfbar gestalten. Dann überzeugen Sie sich selbst mit dem Wort: JA! Das ist die Festlegung, Ihre Entscheidung, die übergeht in aktives Handeln. Doch ein „Anwenden" allein reicht noch nicht für Ihre gewünschte Verhaltensänderung. Erst das „Beibehalten" (Wille, Konsequenz und Disziplin) gibt den Ausschlag für die Erfüllung Ihrer Vorstellungen.

Der Verhaltensforscher Professor Konrad Lorenz hat diesen Entwicklungsprozess in fünf Schritten treffend und prägnant zusammengefasst:

> gesagt gehört
> verstanden
> einverstanden
> angewendet

> heißt noch nicht gehört heißt
> noch nicht verstanden heißt
> noch nicht einverstanden heißt
> noch nicht angewendet
> heißt noch nicht beibehalten

Der vierte Schritt bedeutet für die meisten Menschen Überwindung der persönlichen Grenzen; nicht selten scheitern sie bereits an dieser Schwelle. Denken Sie nur an das Rauchen: Sie verstehen, dass Nikotinkonsum gesundheitsgefährdend ist und sind damit auch einverstanden. Sie schaffen es jedoch nicht, mit dem Rauchen aufzuhören! Der fünfte Schritt, nämlich die (Verhaltens-)Änderung oder neue Gewohnheit beständig zu realisieren, erscheint als unerreichbar („So bin ich nun mal ..."). Eine neue Erfahrung zu machen und eine Veränderung einzuleiten ist jedoch einfacher, als Sie zunächst meinen! Hierfür gebe ich Ihnen das von mir entwickelte und erfahrene Sofortprogramm an die Hand. (vgl. hierzu „Der Umgang mit sich selbst: Kindergarten und Persönlichkeit", 2004):

1. Schritt: Sagen Sie JA!

Sagen Sie JA zur sofortigen Einleitung Ihres Veränderungsprozesses. Die Richtung geben Sie ganz allein und nur Sie selbst vor. Und Sie wollen es aus innerer Überzeugung. Fangen Sie an, Verantwortung für sich selbst zu übernehmen – und zwar jetzt. Legen Sie los und beginnen Sie sofort mit dem zweiten Schritt.

2. Schritt: Tun Sie jetzt – ja, genau in diesem Moment – etwas Außergewöhnliches, etwas für Sie Ungewöhnliches!

Belohnen Sie sich unabhängig von Ihrer gegenwärtigen Terminsituation oder beruflichen Einbindung, indem Sie sich mindestens eine Stunde Zeit spendieren für etwas, was Ihnen in diesem Moment guttun würde. Setzen Sie sich z. B. in ein Café oder Bistro, oder gehen Sie in Ihrem Lieblingsort spazieren; nehmen Sie sich einen Notizblock und einen Stift mit: Gönnen Sie sich einen exzellenten Wein oder atmen Sie – bei welcher Wetterlage auch immer – richtig durch! Sie haben sofort ein befreiendes, nach allen Seiten öffnendes Gefühl. Sie sagen: „Das tut mir gut!" Diese Situation hängt unmittelbar mit dem ersten Schritt zusammen: *Sie sind unterwegs.*

3. Schritt: Lassen Sie Ihre Gedanken fließen!

Spüren Sie in sich hinein, und erfahren Sie Ihre Atmung. Sie ist leichter und freier. Das ist der erste Moment, in dem Sie sich seit langem wieder bewusster erfahren; die ersten Schritte der körperlichen und geistigen Entspannung, die eine gute Voraussetzung dafür sind, sich neuen Zugängen zu öffnen. Nehmen Sie sich nun Zeit, und beobachten Sie Ihre Gedanken. Nun haben Sie die Möglichkeit zu bestimmen, ob Sie die Gedanken (be-)halten wollen oder ob Sie sie in Ihre gewünschte Richtung lenken wollen. Eine wirksame Hilfe ist, wenn Sie sich an Ihre entspannenden Momente, z. B. im Urlaub, erinnern und plötzlich spüren, wie einfach es ist, belastende Gedanken abzuwerfen. Sie werden staunen: Es funktioniert!

4. Schritt: Nehmen Sie Ihre neue Umgebung achtsam und bewusst wahr!

Erschließen Sie mit Ihren Augen, mit Ihrem Gefühl die Menschen und den Raum, die Sie umgeben, und erfreuen Sie sich an den Details, die Sie sonst wahrzunehmen nicht imstande wären. Oder: Atmen Sie tief die Naturluft ein, und spüren Sie jeden Schritt, den Sie zum Beispiel im Park nehmen. Sie sind gerade dabei, Ihre Verbindung zur Natur und damit zu sich selbst herzustellen: Sie erden sich und spüren allmählich, dass Sie Teil der Natur sind. Der Anfang der Symbiose von Mensch und Natur. Sofort wird Ihnen klar: Sie treffen maßgeblich die Entscheidung dafür, ob es Ihnen gut geht oder nicht.

5. Schritt: Entwickeln Sie Ihr persönliches Verhaltens-/Änderungskonzept!

Nun sind Sie in der Lage, Ihren wahren Wünschen durch die vorhandene Distanz und Nähe zu den Dingen näherzukommen. Sie sind fähig, spontan den Ihnen zufallenden Gedanken, so wie beim Brainstorming, das ja keine Blockaden zulässt, Ausdruck zu verleihen: unabhängig davon, ob Sie Ihre gegenwärtige Vorstellung für machbar oder unlösbar halten. Die inneren Blockaden sind aufgehoben. Schreiben Sie alles auf, was Ihnen einfällt.

6. Schritt: Schauen Sie sich in Ruhe das Ergebnis an – staunen und lachen Sie!

Jeder Gedanke, den Sie haben, hat die Tendenz, umgesetzt zu werden. So spüren Sie das Potenzial, das in Ihnen steckt und das vor allem realisiert werden will. Das, was Sie gerade niedergeschrieben haben, ist existent und gehört zu Ihnen. Verwerfen Sie nicht gleich einiges oder alles, weil Sie meinen, was Sie vorher nicht verändert haben (aus welchen vermeintlichen Gründen auch immer), ließe sich nicht in der Zukunft verändern. Schließen Sie vielmehr Freundschaft mit dem, was Ihr Inneres Ihnen eröffnet hat. Sagen Sie: „Es ist gut so!“ Ein erster Schritt der (Selbst-)-

Akzeptanz! Und nun nehmen Sie sich mindestens einen Tag lang Zeit des „verarbeitenden Annehmens".

7. Schritt: Ordnen Sie Ihre Gedankenliste nach Ihren Prioritäten!

Welcher erste Schritt ist Ihnen für die sofortige Veränderung Ihres gewünschten Verhaltens wichtig? Schreiben Sie zunächst Ihre persönliche Rangliste auf, und achten Sie zugleich darauf, was Sie sofort umsetzen möchten. Das ist der Beginn Ihrer persönlichen Verhaltensstrategie, und sofort spüren Sie, dass Sie gleich jetzt „loslegen" wollen! Den meisten Menschen ist in dieser Phase nicht hinreichend bewusst, dass sich ihre Physiognomie und der verbale Ausdruck sofort verändern und schon unmittelbar positive Wirkung auf das Umfeld haben. In Ihnen wachsen Energie und Zuversicht.

8. Schritt: Legen Sie Ihre Strategiefolge und den Zeitraum für die Erfüllung fest!

Machen Sie sich vor der Umsetzung klar, dass alles für die Erfüllung Zeit braucht und dass nicht alles linear (gradlinig) umgesetzt werden kann und muss. *Somit lernen Sie zu erkennen, das der Weg das Ziel ist und dass Sie sich irren dürfen!* Unter dieser Voraussetzung erreichen Sie weitgehend Ihre Ziele. Gestatten Sie sich also eine gewisse Fehlertoleranz; denn jede „Störung im System" verlangt eine Justierung und Neuorientierung, die das persönliche Wachstum erst ermöglichen. Bedenken Sie dabei, dass jede Schrittfolge von zwei Seiten betrachtet werden muss; auf diese Weise entwickeln Sie ein empathisches Verständnis für Ihr Umfeld und reagieren auf ungewünschte Reaktionen oder Situationen souveräner. Halten Sie Ihre (Lebens-) Prioritäten fest, und fangen Sie sofort mit der Umsetzung an! Haben Sie zum Beispiel nur zehn Veränderungspunkte aufgestellt und mindestens eine Priorität in Ihrem Sinne erfüllt, dann haben Sie schon jetzt gewonnen und gezeigt, dass Sie fähig sind, weitere Ziele erfolgreich umzusetzen.

9. Schritt: Halten Sie Kurs und die wahrnehmbaren Veränderungen schriftlich fest!

Nehmen Sie sich wenigstens 15 Minuten Zeit, z. B. am Abend, um in Stichworten Ihre Erfolgsmomente festzuhalten. Nur 15 Minuten! Welches Verhalten und welche Situationen am Tage sind für Sie positiv verlaufen; das sind die sogenannten „goldenen Momente", die Sie sich schriftlich bewusst machen. Sie finden mühelos mindestens fünf solcher positiven Ereignisse. Schon nach sieben Tagen werden Sie feststellen, dass durch sie mindestens 35 sinnerfüllte, erfolgreiche Situationen beeinflusst wurden. Sie spüren sofort die Stärkung Ihres Selbstbewusstseins und erkennen immer mehr Ihren Selbstwert. Entscheidend in diesem Zusammenhang ist, dass Sie sich darüber bewusst werden, dass Sie sich nichts vormachen oder einreden, sondern dass dies die tatsächlichen Begebenheiten wiedergibt. Sie sind Besitzerin bewusst erfahrener Glücks-/Erfolgsmomente.

Schreiben Sie sich auch die Dinge auf, die nach Ihrer Meinung nicht positiv verlaufen sind. So schärfen Sie Ihre Sinne für „versteckte" und auch „offene" Botschaften, die von Ihnen eine Veränderung oder Neuorientierung einfordern. Hierbei prüfen Sie, ob Sie Ihre Kraft in die Vermeidung von Schwächen investieren wollen oder ob es für Sie nicht gewinnbringender ist, Ihre Stärken für das Erreichen Ihres gewünschten Zieles einzusetzen. Dadurch lernen Sie auch, auf bestimmte Verhaltensmuster zu verzichten.

10. Schritt: Ziehen Sie nach festgelegtem Zeitpunkt Bilanz, und verändern Sie Ihre Prioritäten!

Nehmen Sie Ihre erste Prioritätenliste z. B. nach einem halben Jahr in die Hand, und ziehen Sie Ihre erste Veränderungsbilanz: Sie werden staunen und können schon zu diesem Zeitpunkt stolz darauf sein, was Sie bisher zu erreichen imstande waren und was Sie in der Zukunft erreichen werden. Das ist der „Treibstoff" für eine glückliche, ausgeglichene und erfolgreiche Lebensgestaltung, die noch dazu auf andere Menschen „abfärbt", ohne dass Sie etwas Besonderes hinzutun müssen. Ab diesem Schritt beginnt wieder der Kreislauf, der sich aufgrund der gewonnenen Erfahrungen und Erkenntnisse modifiziert und verfeinert.

Zudem werden auch Sie feststellen und anerkennen, dass vermeintliche Lebenssituationen notwendig sind für die Verhaltensänderung in die richtige Richtung. So sehen Sie die auf Sie zukommenden Ereignisse und Situationen gelassener, bewusster und souveräner und entwickeln einen wunderbaren und vorbildlichen Lebensstil.

Erfolgsstrategie

Mit den drei beschriebenen Kernelementen „Ziele und Umsetzung", „Vier Merkmale des Phänomens Motivation" und „Die Strategie des positiven Denkens" haben Sie sich, liebe/r LeserIn, nun intensiv vertraut gemacht und kennen jetzt das „Sofortprogramm für die Einleitung des Veränderungsprozesses". Für die Umsetzung Ihrer Strategie benötigen Sie noch eine Art Überbau, ein „Dach des Erfolgs". Zu dem Zweck stelle ich Ihnen in diesem Abschnitt eine zentrale Erfolgsstrategie vor, die Ihnen zunächst sehr einfach erscheinen mag; bei näherer Betrachtung und in ihrer konsequenten Durchführung jedoch alles andere als simpel ist. Diese Strategie wurde aufgrund der Ergebnisse einer im Jahr 1999 durchgeführten Untersuchung der Universität Hannover entwickelt. Laut dieser Untersuchung verfügen SpitzensportlerInnen über vier Kerneigenschaften:

1. Wille;
2. Disziplin;
3. Teamfähigkeit (ohne Aufgabe der eigenen Individualität);
4. Bescheidenheit (ohne Unterwürfigkeit).

Zu 1: Wille

Die folgende überlieferte Geschichte von Sokrates verdeutlicht die Kraft des Willens, denn mit einem starken Willen können bekanntlich Berge versetzt werden:

Sokrates war ein weiser Mann. Eines Tages stand ein junger Mann vor ihm und fragte: „Was ist das Geheimnis für Erfolg im Leben?" Sokrates sagte dem jungen Mann: „Lass uns morgen früh am Fluss treffen." So geschah es. Sie standen also am Ufer und Sokrates sagte: „Jetzt gehen wir in den Fluss." Als beide bis im Wasser standen, packte Sokrates plötzlich den jungen Mann und drückte dessen Kopf unter Wasser. Der arme Kerl wehrte sich verzweifelt, aber Sokrates ließ nicht locker. Lange, lange nicht. Als er endlich losließ, prustete und hechelte der junge Mann entsetzt. Sokrates fragte ihn: „Was wolltest du gerade am meisten, als du unter Wasser warst?" „Klar, Luft!" „Siehst du", sagte Sokrates, „das ist das Geheimnis des Erfolgs. Wenn du Erfolg so sehr willst, wie du unter Wasser Luft haben wolltest, dann wirst du auch Erfolg haben."

Der Wille ist ein starkes Verlangen, ein brennender Wunsch im Zentrum der Seele, der eine unglaubliche Tatkraft und Triebstärke hervorbringt. Dahinter stehen ein unbeirrbarer Glaube und ein starkes Durchhaltevermögen bis hin zur Grenzüberschreitung. Dazu gesellen sich Begeisterungsfähigkeit und echte Freude, das persönliche Ziel zu erreichen, sowie ein unterschütterliches Vertrauen in die eigene Leistungsfähigkeit, die Energien freisetzt. Michael Korda fasst die Kraft des Willens und der Konzentration wie folgt zusammen: „Die erste Erfolgsregel, die über allen anderen steht, besagt, dass man Willenskraft haben muss. Das Wichtigste ist dann zu wissen, wie man Energie konzentriert, wie man mit ihr haushaltet und wie man sie auf wichtige Dinge beschränkt, anstatt sie mit trivialen Dingen zu verzetteln."

Zu 2: Disziplin

Selbstdisziplin, Konzentration, Beharrlichkeit, Konsequenz und Geduld sind die Grundtugenden des Erfolgs. Diszipliniertes

Verhalten und Handeln ist erfolgte Selbstkontrolle. Wille und Disziplin entspringen einer unerschütterlichen Entschlusskraft, die Leidenschaft und Begeisterung hervorrufen kann. Ein disziplinierter Mensch weiß auch um die Kraft der Geduld, des Abwartenkönnens, bis letztendlich das Ziel erreicht wird – alles braucht seine Zeit!

Disziplin, Konzentration und Geduld führen zu Effektivität und Effizienz, erst danach erfolgt die „Kür", das heißt Spielraum für Kreativität: „Erst kommt die Arbeit, dann der Schnaps." Machen Sie sich dieses Grundverständnis bewusst, und halten Sie sich vor Augen, dass Effektivität bedeutet, die Dinge richtig zu tun, und Effizienz, die richtigen Dinge zu tun. Richten Sie also Ihre zur Verfügung stehende Energie auf die Herausforderung des Augenblicks!

Zu 3: Teamfähigkeit

Das Grundverständnis erfolgreicher Teamarbeit folgt zunächst aus der Erkenntnis: Wer allein arbeitet, addiert, wer im und mit dem Team arbeitet, multipliziert. Voraussetzung hierfür ist ein klares Regelwerk der Zusammenarbeit, in der die Zielsetzung zur Lösung der gemeinsamen Aufgabe klar vereinbart und definiert werden muss und in der sich die Talente und individuellen Fähigkeiten der Teammitglieder entfalten können. Ein Klima der Offenheit, Aufrichtigkeit und Ehrlichkeit und die Fähigkeit, sich an den Erfolgen anderer mitfreuen zu können, führen am schnellsten zum gewünschten Ergebnis. Erfolgreiche Teamarbeit ist ein vertrauensvolles Zusammenwirken, in dem die Kontakt- und Gesprächsbereitschaft sowie die Kooperations- und Konfliktlösungsbereitschaft selbstverständlich sind.

Das Teamverständnis wird in der beruflichen Praxis jedoch allzu häufig missverstanden, weil es einerseits an der Übernahme von Verantwortung und am ausgewogenen Engagement mangelt, andererseits an Konkurrenzdenken und sogar Misstrauen nicht fehlt. *TEAM* heißt in diesem Fall so viel wie: „**T**oll, **e**in **a**nderer **m**acht's!" Ernst A. Rotter findet dagegen die „richtige Übersetzung": *„TEAM wird buchstabiert wie T wie tolerant, E wie engagiert, A wie aktiv und M wie motiviert."*

Zu 4: Bescheidenheit

Wir alle kennen den „süßen Duft“ des Erfolgs, der uns zu unangemessenem Stolz und zu einem übertriebenen Herausstellen unserer Leistungen verführen kann. Übermut tut nicht gut – und nach dem Sonnenschein folgt nicht selten Schmuddelwetter. Ein erfolgreicher Mensch, der mit Fleiß und Hingabe arbeitet, sich einer Sache intensiv widmet und dabei schwierige Hürden überwindet, kennt die Bedeutung von Bescheidenheit. Neue Erfolge verlangen erneute Anstrengungen, die Kraft und Energie kosten. Ein zurückhaltender und bescheidener Mensch weiß um den wahren Kern der Erkenntnis von Rainer Maria Rilke, der sagte: *„Wer spricht vom Siegen; Überstehen ist alles!“*

Gleichwohl ist es natürlich sinnvoll und legitim, persönliche und kollektive Erfolge nach außen zu kommunizieren, dies sollte jedoch ein gesundes Maß besitzen und nicht in Prahlerei und Angeberei ausarten. Ein häufiges Problem Einzelner und auch Gruppen besteht nicht selten in der Unkenntnis, sich selbst, die Produkte oder Dienstleistungen positiv zu vermarkten. Hier gilt der Satz: *Alles im Laden und wenig im Schaufenster!* Diese zentrale Erfolgsstrategie ist für jeden Menschen, der ernsthaft und ehrlich „an sich arbeitet“, einsetz- und überprüfbar im Sinne des Self-Coachings, das ja danach verlangt, sich selbst in diesem Zusammenhang zu führen und zu organisieren, dass er Erfolg hat oder dass das Leben gelingt. Wichtig ist in diesem Prozess ein aufgabenspezifisches Selbstvertrauen, das auf einer realistischen Einschätzung des eigenen Könnens beruht; also eine bestimmte Aufgabe erfolgreich lösen und wahrnehmen zu können. In diesem Falle sprechen wir von der Selbstwirksamkeit.

Beispiel eines Selbstkonzepts

Fassen Sie nun für sich, liebe/r LeserIn, Ihr persönliches Selbstkonzept, d. h. Ihre individuelle Lebensstrategie anhand des beschriebenen M-O-P-S-Baukastensystems (sh. auch S. 206) zusammen. Im Folgenden stelle ich Ihnen ein Beispiel für ein solches Selbstkonzept vor, das für die Erarbeitung Ihrer persönlichen Strategie hilfreich sein kann. Meiner Erfahrung nach führen die aufgelisteten Punkte im Allgemeinen zu einer spürbaren Verbesserung der Lebensqualität und beruflichen Leistungsfähigkeit, einer Einsparung an Zeit und Energie, einem Gewinn an Kraft, einer Bereicherung des Lebens und einer ausgeglichenen, souveränen, vor allem aber glücklichen Lebensweise und Lebenseinstellung.

- Ich sorge für ausreichenden Schlaf und einen gesunden Schlafrhythmus.
- Ich stehe morgens frühzeitig auf und
- nehme mir eine halbe Stunde Zeit für meine gewünschte Buch- oder Zeitungslektüre.
- Ich sorge mindestens dreimal in der Woche für meine Fitness (Joggen, Spazieren gehen, Fahrrad fahren, Schwimmen usw.).
- Ich bin immer offen für Neues und informiere mich über die Medien.
- Ich lerne auch von Kindern und gehe neugierig und unbefangen an Aufgaben heran.
- Ich nehme einmal am Tag mindestens „eine Stunde Urlaub" und tue mir etwas Gutes, indem ich mir z. B. einen Cappuccino in einem Bistro gönne.
- Ich nehme mir ausreichend Zeit zum Nachdenken und male mir auch „verrückte Ideen" aus. Das Wichtigste halte ich schriftlich fest.
- Ich pflege freundschaftliche/partnerschaftliehe Beziehungen zu den Personen in meinem Umfeld und verabrede mich mindestens einmal pro Woche mit einem guten Freund bzw. einer guten Freundin.

- Die Meinungen meiner FreundInnen und BerufskollegInnen sind mir wichtig.
- Mir unbekannte Fach- oder Fremdwörter und ihre Bedeutung schlage ich nach, notiere sie oder präge sie mir sofort ein.
- Ich bin ein guter Zuhörer und bei der Lösung von Problemen anderen gern behilflich.
- Ich lerne eine (weitere) Fremdsprache.
- Ich freue mich an dem Erfolg meiner Mitmenschen.
- Ich lache gern und auch öfter.
- Schwierige Entscheidungen treffe ich mit Bedacht und prüfe die Argumente aus verschiedenen Blickwinkeln.
- Ich „breche" mindestens einmal in der Woche aus meinen Gewohnheiten aus und unternehme „verrückte" Dinge (z. B. im Regen spazieren gehen und in die Pfützen springen; eine Rose für meine/n PartnerIn „einfach so" mitbringen).
- Ich führe ein Erfolgstagebuch. Dazu nehme ich mir jeden Abend 15 Minuten Zeit, schreibe mindestens drei positive Erlebnisse und mindestens drei auf mich negativ wirkende Ereignisse auf und ziehe meine Schlussfolgerungen daraus.
- Ich plane am Abend den Folgetag und notiere mir die wesentlichen Aufgaben, die ich am nächsten Tag lösen bzw. erledigen möchte.
- Ich schlafe mit einem positiven Gedanken, mit einem positiven Bild ein; auf diese Weise sorge ich für positive Träume.
- Ich bereite wichtige Gespräche/Besprechungen sorgfältig vor. Dafür stelle ich mir die zukünftige Situation bildlich und gedanklich vor und kläre folgende zentrale Fragen:

Wie wünsche ich mein Auftreten? Welche Kleidung trage ich? Wie soll meine Körperhaltung sein? Wie schaue ich die anderen an? Wie begrüße ich meine GesprächspartnerInnen? Wie fest soll mein Händedruck sein? Was sage ich zuerst, und wie baue ich meine Gesprächsbeiträge und Argumente auf? Wie will ich auf meine GesprächspartnerInnen wirken?

- [ ] Ich nehme die Namen meiner GesprächspartnerInnen achtsam wahr und rede sie mit ihren Namen an.

- [ ] Ich spreche mindestens einmal am Tag eine von Herzen kommende Anerkennung/ein Lob an eine/n KollegIn, ein Familienmitglied aus. Ich verwende das Wort „danke“ so häufig wie möglich.

- [ ] Ich sage in Zukunft nicht mehr „Ja“, wenn ich „Nein“ meine.

- [ ] Ich teile mir meine Zeit selbstständig ein.

- [ ] Ich leiste mir mindestens einmal im Monat einen „Chaostag“, an dem ich meinen Gedanken freien Lauf lasse und tue, was mir gerade einfällt und Spaß macht.

- [ ] Ich nehme mir ausreichend Zeit für meine/n PartnerIn und meine Familie; hierfür plane ich möglichst vier Stunden am Tag ein.

- [ ] Ich sorge für einen geordneten Arbeitsplatz, die nötige Übersicht und Transparenz, damit ich mir Materialien und Informationen schnell beschaffen kann.

- [ ] Einmal pro Woche nehme ich mir eine Stunde Zeit, um meine Ziele zu überprüfen und zu hinterfragen.

- [ ] Fehler sehe ich ab heute als Lernprozess und als Aufforderung zu einer Veränderung; ich mache mir meine Fehler bewusst und vermeide ihre Wiederholung.

Strategie des Führungsverhaltens; zwei Beispiele

Für die erfolgreiche Leitung eines Kindergartens stelle ich Ihnen im Folgenden zwei Strategiebeispiele vor. Das erste Beispiel lehnt sich an den *10-Punkte-Katalog für Führungskräfte* des amerikanischen Professors Renato Taguiri an, der grundsätzliche Verhaltensweisen im Sinne eines geschlossenen Systems entwickelt hat. Das zweite Beispiel ist von mir selbst praxisbezogen auf die Kindergarten-Leitung entwickelt worden.

1. Beispiel: 10-Punkte-Katalog für Führungskräfte

Die Vernachlässigung von einem einzigen dieser Punkte kann einer Führungskraft bereits Probleme bereiten. Taguiri betont, dass die MitarbeiterInnen wissen müssen, wie sie beurteilt werden, welche Prioritäten die Leitung verfolgt und ob ihre ernsthaften Anstrengungen überhaupt wahrgenommen werden. Mit diesem Punktekatalog steht Ihnen, liebe/r LeserIn, ein wirksames, sinnvolles und erfolgreiches Instrumentarium für die Mitarbeiterführung und das Mitarbeiter-Coaching zur Verfügung:

1. Eine erfolgreiche Führungskraft klärt genau ab, welche Aufgaben erfüllt werden müssen.

2. Danach gibt sie eindeutige Beschreibungen dieser Arbeitsaufgaben an ihre MitarbeiterInnen weiter.

3. Sie interessiert sich für die Meinung der MitarbeiterInnen und für ihre Vorschläge, wie eine Aufgabe bewältigt werden kann.

4. Sie sorgt dafür, dass die für die Arbeitsaufgaben notwendigen Mittel wirklich zur Verfügung stehen.

5. Sie hat klare Bewertungsmaßstäbe.

6. Eine gute Führungskraft erkennt Leistungen und belohnt sie entsprechend.

7. Sie gibt einem/r erfolgreichen MitarbeiterIn sofort Rückmeldung.
8. Sie vermeidet persönliche Freundschaften mit Untergebenen.
9. Eigene Irrtümer und Fehler kann eine gute Führungskraft zugeben; sie belügt die MitarbeiterInnen niemals.
10. Entscheidungen, die nur sie selbst fällen kann, überlässt sie niemals einem anderen.

2. Beispiel: Konkrete Handlungsfelder für die Kindergarten-Leitung; der Anspruch

1. Kooperativer Führungsstil

Grundsatz: Beteiligung und Teilhabe aller MitarbeiterInnen an den Arbeitsprozessen auf der Grundlage des Anforderungs- und Aufgabenprofils, Übertragung von Verantwortung, Nutzung fachbezogener Potenziale, Förderung von Teamarbeit.

2. Führen durch Zielvereinbarungen

Grundsatz: Die Konzeption des Kindergartens bildet die Plattform oder das Fundament für die gemeinsamen Ziele, die Ziele sind das Navigationssystem der Einrichtung, sie müssen überprüfbar sein, die Leitung unterstützt die MitarbeiterInnen bei der Entwicklung von Zielen.

3. Integrität

Grundsatz: Vorbildliches Verhalten, vertrauensvoller und offener Umgang mit den MitarbeiterInnen, Verbindlichkeit im Tun, verantwortungsvolle Übernahme und Umsetzung von Aufgaben, Verlässlichkeit, Pünktlichkeit, gleichberechtigter Umgang mit den Mitarbeiterinnen auf der Grundlage des Aufgaben- und Anforderungsprofils.

4. Information und Transparenz

Grundsatz: Entwicklung eines sinnvollen Informationssystems (z. B. mittels einer Informationstafel für die MitarbeiterInnen: Storyboard), transparente Gestaltung der pädagogischen, personellen und organisatorischen Arbeit (Pädagogik: z. B. Projekte; Personal: z. B. Weiterbildungsplanung; Organisation: z. B. Ablauf von Veranstaltungen usw.), Informationen über allgemeine Themen. Hinweis: Trennen von wichtigen und unwichtigen Informationen.

5. Führen durch Nähe und Distanz

Grundsatz: Kernruhe-Arbeitszeiten sind genauso wichtig wie sogenannte Ansprechzeiten. Jede Leitung benötigt zum einen störungsfreie Zeiten, in denen zentrale Aufgaben konzentriert und ordnungsgemäß wahrgenommen werden können, zum anderen die kontaktaufnahmebereiten Zeiten für die MitarbeiterInnen, Eltern, Kinder und Gäste.

Eine generelle Festlegung von störungsfreien Zeiten ist in der Praxis schwer umsetzbar, weil jede/r „ein wichtiges Anliegen" hat und sich benachteiligt fühlt, wenn die Leitung für dieses Anliegen nicht ansprechbar ist. Ausnahmen müssen daher immer erlaubt sein. Andererseits muss ein sogenannter „Hühnerstallbetrieb" generell vermieden werden. Voraussetzung für ein geregeltes Zeitfenster sind die Akzeptanz und Unterstützung durch die MitarbeiterInnen.

6. Kreativität und Innovation

Grundsatz: *Wer nicht mit der Zeit geht, geht mit der Zeit.* Aktuelle Entwicklungen, z. B. in der Pädagogik, werden aufgeschlossen verfolgt und auf ihre Praxistauglichkeit hin überprüft. Neue Ideen und Anregungen von den MitarbeiterInnen sind immer willkommen. Die Beobachtung des „Kita-Marktes" ist eine Selbstverständlichkeit, der Kontakt zu den KollegInnen anderer Kindergärten wird ebenfalls gepflegt, ein Informieren über Fachzeitschriften und Bücher geschieht routinemäßig. Dabei wird der Kindergarten als lernende Organisation verstanden, der offen ist für Veränderungen und neue Entwicklungen.

7. Fehlerkultur und Fehlertoleranz

Grundsatz: „Verliebtsein ins Gelingen" und auch Fehler ermöglichen erst Entwicklung und Wachstum. Fehler sind erlaubt! Sie gehören zum Menschsein, das heißt, Leben heißt nichts anderes als Probleme zu lösen. Fehler zu machen bedeutet im Kern, sich insoweit zu verändern, dass sich dieselben Fehler nicht wiederholen.

8. Selbstorganisation und Selbstkonzept

Grundsatz: Lebenslanges Lernen ist der Schlüssel für erfolgreiche Arbeit und für Veränderung. Hierzu zählt die Klärung der Frage nach der Selbstorganisation (Selbstwirksamkeit) und nach den grundsätzlichen Lebensprinzipien, die mittels eines zu erstellenden Selbstkonzepts handlungsorientiert und überprüfbar realisiert werden können. Dazu gehört auch die Darstellung des eigenen Stärke- und Anspruchsprofils. Die Person trifft also eine verbindliche Vereinbarung mit sich selbst und misst die persönliche sowie berufliche Anspruchshaltung an der Realität.

9. Förderung der individuellen Stärken und der Persönlichkeitsentwicklung

Grundsatz: Die Achtung der Menschenwürde und Persönlichkeit steht an erster Stelle. Zum einen wird die Individualität der MitarbeiterInnen respektiert und beachtet, zum anderen werden ihre Stärken gefördert. Dies heißt zugleich, dass einem diese Stärken auch bewusst sein müssen. Die Ziellinie heißt in diesem Sinne: MitarbeiterInnen fördern und (heraus-)fordern.

Konkrete Ausgestaltung des M-O-P-S-Baukastensystems

Ihnen, liebe/r LeserIn, stehen jetzt eine Fülle von Informationen, Beispielen und Hinweisen zur konkreten Entwicklung Ihres persönlichen Selbst- und Lebenskonzepts zur Verfügung. Sie haben es damit in der Hand, Ihre individuelle Strategie konkret auszugestalten. Haben Sie die einzelnen Abschnitte ausgearbeitet und die für Sie wichtigsten Punkte festgehalten, können Sie Ihre Ergebnisse nun anhand des M-O-P-S-Baukastensystems übersichtlich zusammenfassen. Sie gewinnen dadurch den nötigen Überblick und können in der Quintessenz Ihr Konzept festlegen.

Wichtig hierbei ist, dass Sie Ihre Prioritäten, Prinzipien und Strategien so konkret wie möglich beschreiben, sodass ihre Überprüfbarkeit (Selbstevaluation), Selbstkontrolle und Selbststeuerung gesichert sind. Mit dieser Herangehensweise erfahren Sie Ihr effektives und effizientes Self-Coaching; Sie treffen eine Vereinbarung mit sich selbst und können jederzeit feststellen, ob Sie die formulierten Ziele im Sinne der oben dargestellten Erfolgsstrategie ernsthaft in Angriff nehmen und realisieren.

Das M-O-P-S-Baukastensystem nochmals im Überblick:

MOTIVATION

- *Grundlagen der Motivation*
- *Motive und Anreizsysteme*
- *Motivationsmodelle*

ORIENTIERUNG

- *Selbstanalyse*
- *Selbst- und Fremdwahrnehmung*
- *Stärkenanalyse: Selbstprofil*

PRAXIS

- *Privater Bereich*
- *Beruflicher Bereich*
- *Selbstwirksamkeit*

STRATEGIE

- *10 Motivationsstrategien*
- *Einleitung des Veränderungsprozesses*
- *Erfolgsstrategie*

1. Motivation

Folgende Punkte zur Motivation sind mir in meinem persönlichen Klärungsprozess wichtig und hilfreich:

2. Orientierung

Folgende Punkte zur Orientierung sind mir in meinem persönlichen Klärungsprozess wichtig und hilfreich:

3. Praxis

Folgende Punkte sind mir nach der Umsetzung in der Praxis wichtig und hilfreich:

4. Strategie

Folgende Punkte zur Strategie sind mir in meinem persönlichen Klärungsprozess wichtig und hilfreich:

Stellen Sie nun Ihre Lebensprioritäten und Lebensprinzipien auf:

1. ____________________

2. ____________________

3. ____________________

4. ____________________

5. ____________________

6. ____________________

Die Vereinbarung mit mir selbst: Vision(en) und Ziele

1. ____________________

2. ____________________

3. ____________________

4. ____________________

5. ____________________

6. ____________________

Die Vereinbarung mit mir selbst: Selbst- und Lebenskonzept/ Strategie

1. ____________________

2. ____________________

3. ____________________

4. ____________________

5. ____________________

6. ____________________

„Vademekum fürs Leben“ – zwei Texte zum Abschluss

Zum Abschluss meines Buchs zum Thema „Motivation und Erfolg“ überreiche ich Ihnen ein „Vademekum“ (Ratgeber), einen Leitfaden für das persönliche Self-Coaching, er soll Impuls für ein gelingendes Leben sein und umfasst im Kern all das, worauf dieses Buch abzielt.

Der erste Text stammt von einer mir unbekannten Hamburger Pastorin und ist ein Auszug aus einer im Frühjahr 2004 im Radio NDR Kultur vorgetragenen Morgenandacht:

„Ich schöpfe Kraft und lasse den Tag an mich herankommen. Dieser Tag, was wird er mir bringen? Auf jeden Fall für mich und für viele von Ihnen: eine Flut von Worten. Worte, die mich belehren, erheitern oder überzeugen sollen. Worte, die mir etwas aufschwätzen oder zu Kauf und Konsum verleiten wollen; Worte, die mich verwunden, mich niederdrücken, die mich unterwerfen möchten. Mir graut vor den vielen Worten; auch vor manchen, die ich selbst machen werde.

Doch vielleicht sieht der heutige Tag anders aus: Jemand schüttet mir sein Herz aus und hört voll Vertrauen auf meinen Rat. Jemand hält zu mir, weil er mein Freund ist, und steht mir bei. Jemand spricht über Schuld und sagt: Komm, lass uns neu miteinander beginnen! Jemand gibt sich Mühe und erweitert geduldig den begrenzten Horizont meiner Einsichten und Erfahrungen. Jemand lässt unverhofft Dank und Anerkennung laut werden und verwandelt den Tag für mich.

Inmitten des Wortgerölls gibt es Edelsteine, in der Sprachwüste sprudelnde Quellen: heilende, tröstende, ermutigende, froh machende Worte. Sie sind wie frisches, schmackhaftes Brot. Sie schenken Leben und Kraft."

Der zweite schöne Text stammt von Mutter Teresa. Verstehen Sie ihn als Ihr Grundsatzprogramm für Ihr persönliches Lebenskonzept, für Motivation und Erfolg!

Aufforderung

Das Leben ist eine Chance, nutze sie.
Das Leben ist Schönheit, bewundere sie.
Das Leben ist Seligkeit, genieße sie.
Das Leben ist ein Traum, mach daraus Wirklichkeit.
Das Leben ist eine Pflicht, erfülle sie.
Das Leben ist ein Spiel, spiele es.
Das Leben ist kostbar, geh sorgfältig damit um.
Das Leben ist Reichtum, bewahre ihn.
Das Leben ist Liebe, erfreue dich an ihr.
Das Leben ist ein Rätsel, durchdringe es.
Das Leben ist Versprechen, erfülle es.
Das Leben ist Traurigkeit, überwinde sie.
Das Leben ist eine Hymne, singe sie.
Das Leben ist eine Herausforderung, stelle dich ihr.
Das Leben ist ein Kampf, akzeptiere ihn.
Das Leben ist eine Tragödie, ringe mit ihr.
Das Leben ist ein Abenteuer, wage es.
Das Leben ist Glück, verdiene es.
Das Leben ist das Leben, bewahre es.
Das Leben ist lebenswert, lebe es.

Widmung

Ich danke meiner Frau Kerstin,
meinen Kindern Annika und Simon,
meinem Stiefsohn Martin,
ich danke meiner Mutter Elsbeth und meinen Schwiegereltern Gudrun und Gunter von Herzen für die aufopfernde Unterstützung, für das mitfühlende Verständnis und für den aufbauend-kritischen Rat bei der für mich zeitlich sehr aufwendigen Erstellung des Handbuchs. Sie war mit erheblichen Entbehrungen verbunden, doch überwog die Freude am Schreiben. Nicht zuletzt bin ich dankbar für die Unterstützung der Volkshochschule Bad Segeberg, die mir die erforderlichen Medien zur Verfügung gestellt hat, und für die sehr gute und verständnisvolle Zusammenarbeit mit dem Lektorat!

Literaturhinweise

Cichowski, R. R.: Ihr Weg zum Erfolg, Erlangen 2002

Enkelmann, N. B.: Rhetorik: Das ABC der Beeinflussungskunst, Wiesbaden o. J.

Geißler, K. H. A.: Zeit: Verweile doch, du bist so schön, Weinheim und Berlin 1997

Heckhausen, H.: Motivation und Handeln, Berlin 1989

Herzberg, F.: The Motivation To Work, New York 1959

Hudson, F. M. und McLean, P. D.: Heute beginnt Ihr neues Leben, Landsberg 2001

Kratz, H.-J.: Motivieren – aber wie?, Offenbach 2003

Löhr, J. und Pramann, U.: Einfach mehr vom Leben, München 2001

McGregor, D.: Der Mensch im Unternehmen, Düsseldorf und Wien 1973

Nerdinger, F. W.: Motivation von Mitarbeitern, Göttingen 2003

Pommerenke, U.: Der Umgang mit sich selbst: Kindergarten und Persönlichkeit, Landsberg 2004

Pommerenke, U.: Team und Teamentwicklung, in: Zukunft Kindergarten, Offenbach 2002

Reiss, St.: The 16 Basic Desires That Gides, US Today Magazine 2001

Rosenstiel von, L.: Motivation im Betrieb, Leonberg 2001

Schulz von Thun, F.: Miteinander reden 1, Reinbek 2001

Seiwert, L. J.: Selbstmanagement, Offenbach 1995

Seiwert, L. J.: Wenn du es eilig hast, gehe langsam, Frankfurt a. M. 1998

Sprenger, R. K.: Mythos Motivation, Frankfurt a . M. 2002

Staehle, W. H.: Management: eine verhaltenswissenschaftliche Perspektive, München 1991

West, M. A.: Innovation und Kreativität, Weinheim und Basel 1999